Couverture inférieure manquante

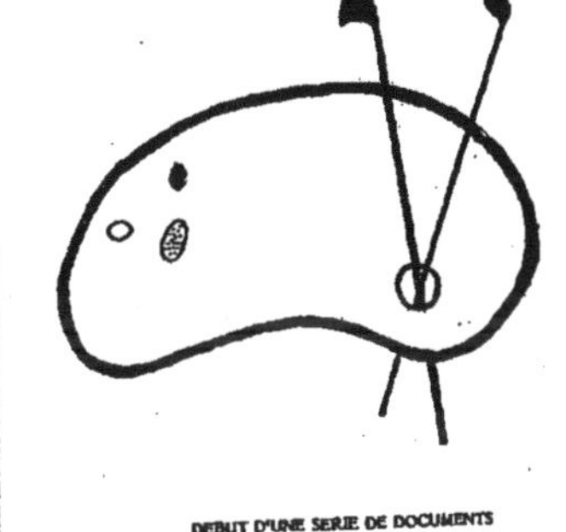

DEBUT D'UNE SERIE DE DOCUMENTS
EN COULEUR

LA
Tunisie agricole

PAR

CH. RIBAN

MEMBRE DE LA CHAMBRE D'AGRICULTURE DE TUNISIE

CHEVALIER DU MÉRITE AGRICOLE

Deuxième Édition

PARIS

Augustin CHALLAMEL, Éditeur

LIBRAIRIE COLONIALE

5, rue Jacob et rue Furstenberg, 2

1895

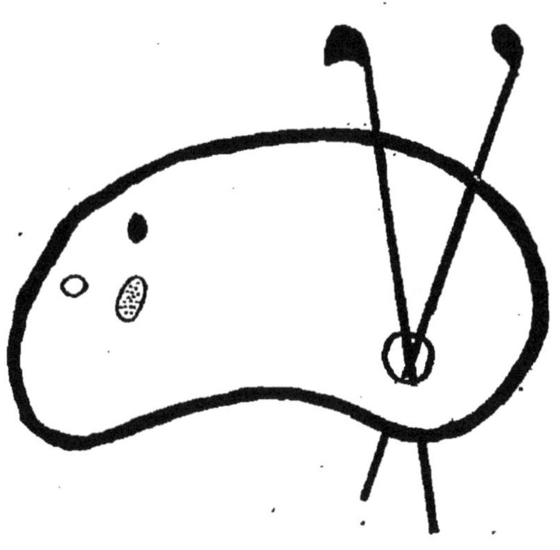

FIN D'UNE SÉRIE DE DOCUMENTS
EN COULEUR

CAUSERIES

SUR LA

TUNISIE AGRICOLE

Causeries

sur la

Tunisie agricole

PAR

CH. RIBAN

MEMBRE DE LA CHAMBRE D'AGRICULTURE DE TUNIS

CHEVALIER DU MÉRITE AGRICOLE

TUNIS

Chez l'Auteur	A l'Imprimerie Rapide
7, rue de la Poste	12, rue de Constantine

1894

A Monsieur TERRAS,

Chevalier de la Légion d'Honneur,
Président de la Chambre Consultative d'Agriculture;

A Monsieur DE CARNIÈRES,

Membre de la Chambre Consultative d'Agriculture,
Directeur du journal *La Tunisie Française*.

MES CHERS AMIS,

L'un de vous m'a donné l'idée d'écrire, dans son journal, des Causeries agricoles; l'autre m'a fourni de nombreuses occasions d'étudier les questions qui intéressent la Colonie, à la Chambre agricole qu'il préside avec tant de compétence.

C'est donc remplir un devoir tout naturel que de vous prier d'agréer la dédicace amicale de ce petit volume.

CH. RIBAN.

DIVISION DE L'OUVRAGE

PRÉFACE

J'ai réuni dans cet opuscule les rapports que j'ai été chargé de présenter à la Chambre d'Agriculture de Tunisie, et les chroniques agricoles que j'ai publiées dans le journal *La Tunisie Française*. Ce sont des observations que j'ai eu l'occasion de noter sans prétention, soit pendant le cours de mes études pratiques, soit à la suite de nos discussions à la Chambre d'Agriculture.

Je n'ai rien à changer à ces articles et à ces rapports. Malgré de longs mois écoulés depuis leur apparition, je suis obligé de constater qu'aucun des vœux (à part deux ou trois peut-être) émis, soit par le journal auquel j'ai collaboré, soit par la Chambre d'Agriculture dont j'ai l'honneur de faire partie, n'a reçu encore la satisfaction demandée. On nous promet toujours, on reconnaît la légitimité de nos revendications, et nous continuons toujours à attendre la réalisation de ces promesses d'amélioration d'un régime fiscal, prohibitif et suranné, qui est le principal obstacle au développement de la colonisation.

Il est de notoriété publique que l'esprit et l'ensemble des impôts tunisiens sont aussi favorables à l'importation, qu'ils sont écrasants pour la production et l'exportation. Et ce qu'il y a de plus remarquable, c'est que tout le monde est d'accord là-dessus, même M. le Directeur des Finances.

La culture maraîchère et fruitière reste impraticable; elle ne pourra être tentée avec succès que lorsque l'Administration aura modifié le taux et surtout le mode de perception des droits actuels.

La culture du tabac, qui a été rémunératrice autrefois, est prohibée par la législation actuelle ;

La culture de l'olivier, et surtout la fabrication de l'huile, sont entravées par le régime de l'achour, qui pèse sur le nord de la Tunisie, alors que le centre et le sud jouissent d'une liberté complète de fabrication et de culture :

L'élevage et le commerce du bétail sont écrasés par les droits réitérés qu'il faut payer au fisc à l'occasion de chaque transaction :

Les droits de marchés, de portes et d'exportation paralysent le commerce des laines et des peaux et rapportent très peu au Trésor ;

Le recrutement de la main-d'œuvre devient très difficile depuis que l'Administration a imaginé d'exiger la medjba de tous les nègres qui immigrent en Tunisie ;

Etc., etc.

Et cependant, l'Administration a d'autant plus le devoir de réaliser enfin des réformes, sur lesquelles on est d'accord en principe, que toute l'agriculture traverse une période critique, par suite de la mévente des vins et de l'avilissement des prix des céréales et des huiles.

Il ne faut donc pas s'étonner si la colonisation française, en Tunisie, subit un temps d'arrêt.

Elle ne pourra reprendre son mouvement en avant que si le Gouvernement se décide à lui accorder, par des réformes équitables, les justes encouragements qu'elle ne cesse de demander à son esprit de justice.

C. R.

Causeries sur la Tunisie agricole

CHAPITRE Ier

QUESTIONS DE COLONISATION

I

La petite Colonisation

Le voyageur en Algérie est heureux de voir, sur tout le parcours du littoral, des villages français entourés de jardins et de fermes rappelant l'aspect de la France et ayant toutes les apparences du bien-être.

Les statistiques officielles constatent l'importance et la vitalité de cette population de travailleurs agricoles.

De 1830 à 1840, 2.743 hectares sont concédés à la petite colonisation ; il s'y établit 316 familles, formant 1.580 individus.

De 1840 à 1851, ces concessions s'élèvent à 101.675 hectares ; la population rurale augmente de 40.913 habitants ; de 58 millions, le commerce passe à 83 millions.

De 1851 à 1860, 251.550 hectares sont concédés ; 85 centres nouveaux sont créés, et la population rurale augmente de 42.493 individus.

De 1860 à 1871, les ventes et concessions de terre atteignent le chiffre de 79.733 hectares ; de 86.538, la population rurale passe à 118.747. De 157 millions, le commerce atteint le chiffre de 306 millions.

De 1871 à 1880, 218 centres sont créés et 435.498 hectares sont concédés ; il en résulte une augmentation de la population agricole de 50.483 ; le commerce s'élève à 420 millions.

Enfin, en 1892, le rapport de M. Burdeau sur l'Algérie constate que sur un total de 187.033 individus formant la population agricole, 147.678 y ont été amenés par la petite colonisation, et que sur les 1.400.000 hectares composant le domaine européen, 871.205 ont été acquis par cette même petite colonisation.

Les 218 centres agricoles créés de 1871 à 1880 avaient au début 38.788 individus ; ils en ont aujourd'hui 50.483, soit un accroissement de 36 % ; sur ces 218 villages, 135 sont en voie de développement, 45 sont stationnaires, 38 seulement sont en décroissance.

L'Algérie, après soixante ans d'occupation, compte 492.000 colons, et son commerce atteint le chiffre d'un demi-milliard. Sa population a doublé dans ces dernières années.

Si l'on en excepte les Etats-Unis d'Amérique, aucun pays n'a donné l'exemple d'un développement aussi rapide.

Les naissances y dépassent les décès de 34 pour mille, soit 50 % de plus qu'en France.

Ce sont de beaux résultats ; mais il faut bien dire qu'ils n'ont été obtenus qu'au prix de sacrifices considérables.

Nous ne parlerons pas de ces vaillantes générations mortes à la peine, fauchées avant l'âge par les fièvres de la Mitidja, du Chélif ou de la Seybouse ; nous ne parlerons pas non plus de tous ceux qui, ruinés avant d'avoir atteint le but, ont dû regagner le sol natal ; nous parlerons seulement des sacrifices pécuniaires du Gouvernement français qui, pour implanter des travailleurs sur la terre d'Algérie, n'a pas hésité à dépenser largement les millions, afin de donner des terres aux colons, leur construire des villages et des fermes, leur acheter le matériel et les animaux. Il a fallu, en somme, assurer au cultivateur implanté en Afrique tout ce qui lui était nécessaire pour se mettre à l'œuvre.

C'est ainsi que la colonisation a débuté en Algérie avec l'aide et les fonds de l'Etat.

Les gros capitaux particuliers sont venus ensuite; la tâche des grands propriétaires a été alors facile. Ils ont profité de l'expérience de leurs modestes voisins, ils ont pu recruter parmi eux leurs ouvriers et leurs contre-maîtres.

En Tunisie, c'est le contraire qui est arrivé. Jusqu'ici, l'Etat s'est abstenu et a laissé le champ libre à l'initiative privée. La petite colonisation s'est à peu près abstenue; mais, séduits par les beaux jours qui luisaient alors pour la viticulture, de grosses bourses sont venues, au lendemain de l'établissement du Protectorat, acquérir d'immenses domaines et semer l'argent en abondance pour y créer des fermes dont la plupart sont des modèles du genre.

En 1892, après onze années d'occupation, 331 domaines sont entre les mains de nos compatriotes; ils représentent un total de 262.963 hectares; dans ce chiffre, 114 domaines de plus de 400 hectares font un total de 246.666 hectares; 60 domaines de 100 à 400 hectares donnent un chiffre de 13.320 hectares; enfin, 157 domaines de moins de 100 hectares représentent 2.977 hectares.

Le recensement de 1891 révèle un chiffre de 348 propriétaires agriculteurs français pour toute la Tunisie, et la liste des électeurs à la Chambre d'Agriculture s'élève à un chiffre de 584; de telle sorte qu'on peut en conclure que la population agricole française en Tunisie comprend actuellement environ 2.000 personnes.

Ainsi, après dix ans d'occupation fr nçaise, malgré l'acquisition de vastes domaines et la plantation de 6.000 hectares de vignes, la Tunisie n'a encore attiré qu'une population agricole de 2.000 individus.

Ce résultat n'est pas imposant; s'il faut se féliciter de la venue de ces grands colons qui, avec la force et l'audace du capital, ont pu marcher à grands pas et fonder des exploitations aussi grandioses que perfectionnées, il faut bien reconnaître que le but de la France ne serait pas atteint si la colonisation en restait à ce point.

L'intérêt même des grands propriétaires est maintenant de ne pas demeurer plus longtemps isolés au milieu de la population indigène; ils doivent désirer que des petites exploitations européennes, avec des ouvriers d'art (forgerons, bourreliers, maçons, menuisiers, etc.), viennent s'installer auprès d'eux. Il s'établirait entre eux des relations qui seraient profitables et avantageuses pour tous.

La petite colonisation doit à présent suivre la grande; elles arriveront ainsi à s'appuyer l'une sur l'autre et à se prêter une aide mutuelle.

Il est bon cependant que les choses se soient passées ainsi au début, et que la grande colonisation ait précédé la petite.

Il faut se féliciter que les agriculteurs riches aient pris les devants; leur fortune leur a permis de supporter les conséquences de fautes toujours inévitables dans la mise en valeur des terres dans ces pays nouveaux pour nous. Ils ont pu facilement réparer les fausses manœuvres inhérentes à tout début, attendre l'époque de la production, toujours plus tardive qu'on ne croit en commençant, et fonder une œuvre stable et puissante.

Les débuts de la colonisation ont donc été brillants;

s'il y a eu des déboires, on n'en a rien su, et le bon renom de la Tunisie en a largement profité.

Si, au lieu de ces capitalistes, des colons à fortune modeste étaient venus inaugurer la période de la colonisation française en Tunisie, qui pourrait assurer que la ruine ou le découragement n'eussent été les seuls résultats atteints?

C'est qu'il faut, en définitive, beaucoup d'argent pour devenir colon-propriétaire et créer de toutes pièces un domaine quel qu'il soit.

On peut même dire que dans un pays neuf comme celui-ci, il vaut mieux qu'un cultivateur arrive avec rien qu'avec peu d'argent. Qu'on ne voie pas là un paradoxe, nous allons le démontrer.

Un travailleur agricole débarque à Tunis avec quelques milliers de francs; il a aussitôt l'ambition de posséder. Les bas prix de la terre, comparés à ceux de France, le grisent. Il a, en outre, la tête pleine de légendes sur la fécondité des terres vierges de Tunisie. Il croit arriver dans la « Terre Promise ». Il achète plus qu'il ne pourra cultiver; il se met à l'ouvrage avec précipitation, et... après deux ou trois ans, malade ou ruiné, il est obligé de demander son rapatriement au Consulat.

Qui de nous n'a connu quelque malheureux auquel pareille aventure est survenue?

Par contre, si le cultivateur arrive sans ressources ou à peu près, il n'a qu'un désir, celui de travailler au service d'autrui; ses rêves ne vont pas au delà, et, pour débuter, il acceptera n'importe quelle besogne; s'il est actif, sobre et adroit, il parviendra avec le temps à se faire une petite situation dans un grand domaine, toujours à la recherche de contre-maîtres sérieux et habiles. Au bout de quelques années, muni d'économies, de savoir et d'expérience, cet homme sera mûr pour devenir un petit colon, et, n'ayez crainte pour lui, celui-là réussira. Il a fait son apprentissage; il sait ce qu'il faut faire; il sait aussi ce qu'il faut éviter; il sait ce qu'il peut attendre de son travail et du pays; il est acclimaté : il est assuré du succès.

Est-ce à dire, alors, qu'il faut écarter les cultivateurs de fortune modeste, désireux de tenter le sort en Tunisie? Certainement non! Et nous croyons, au contraire, que le moment est venu de les attirer et de créer en Tunisie la classe des petits propriétaires : la démocratie agricole, en un mot.

C'est pourquoi nous comprenons que la Direction de l'Agriculture étudie les moyens de réaliser ce projet; mais aussi, nous l'avertissons qu'en engageant des cultivateurs à venir se fixer en Tunisie, elle aura charge d'âmes et assumera une grave responsabilité, car ces gens-là, en suivant ses conseils et en quittant leur pays sans espoir de retour, apporteront tout leur avoir et devront réussir ou sombrer.

La Direction de l'Agriculture est pleine de bonnes intentions. Elle a le ferme désir d'amener en Tunisie de nombreux petits colons; elle fait ainsi preuve d'un esprit généreux.

Nous croyons cependant qu'elle est entrée dans une mauvaise voie pour la réalisation de ses nobles desseins; nous croyons bien faire en cherchant à le lui démontrer et à dissiper des illusions dangereuses.

La Direction veut bien attirer la classe intéressante des petits cultivateurs, mais elle recule devant les sacrifices nécessaires et n'offre, en somme, que des avantages illusoires.

La Direction de l'Agriculture s'est assurée de quelques domaines éloignés les uns des autres, qu'elle a morcelés en lots de 40 à 50 hectares, et qu'elle offre aux émigrants disposant d'un capital variant entre 10 et 20.000 francs.

Ces lots de terrain sont cédés à des prix de 100, 125 et 150 francs l'hectare, soit en moyenne 125 francs. Ce prix est payable comptant, et alors on se demande quel est le service rendu à l'émigrant, puisqu'il peut se procurer, en dehors du Service de l'Agriculture, du terrain à des conditions à peu près égales, sinon meilleures.

Il résulte de ce qui précède que le colon arrivant en Tunisie avec 20.000 francs, par exemple, est obligé d'en distraire 6.000 pour l'achat de la terre nue.

Quatre autres mille francs seront bien vite épuisés par les premières dépenses d'installation, construction d'une habitation, creusement d'un puits, etc.

Il ne restera donc plus à cet agriculteur que 10.000 francs pour l'achat de son matériel, des animaux de travail, et la mise en valeur de terres épuisées par la culture arabe ou couvertes de buissons.

Observons, en outre, que ces domaines sont souvent éloignés de tout centre européen et dépourvus de routes ; que, dans ce cas, le colon, s'il arrive à la production, n'aura pas autour de lui un lieu d'écoulement pour ses récoltes ; qu'il faudra qu'il aille au loin chercher le placement de ses produits, et qu'il n'aura pas la facilité d'utiliser ses journées de loisir en travaillant pour les grands domaines déjà en exploitation.

En retraçant ces difficultés pratiques, nous admettons que ce brave petit colon pourra surmonter les épreuves du début, et qu'avec le capital bien restreint qui lui reste, il pourra vivre et attendre les résultats des cultures qu'il aura essayées. Il lui faudra aussi, sous peine de ruine irrémédiable, ne commettre aucune faute et ne rencontrer que des années favorables.

Mais si les saisons lui sont contraires, si la sécheresse ou la grêle font avorter ses récoltes, si, mal conseillé ou mal instruit, il néglige de tenir compte des exigences d'un climat nouveau pour lui, alors le désastre est complet : il ne peut plus se relever. Le crédit même lui fait défaut, car la Direction de l'Agriculture, en lui vendant le lot qu'il a dû payer comptant, a stipulé que le titre de propriété ne lui serait délivré qu'après la mise en valeur de la terre.

Nous venons d'envisager la situation du colon apportant 20.000 francs avec lui; que serait donc alors celle du colon qui n'en aurait que la moitié, ou même moins?

On voit par ce sombre tableau à quelles déceptions, à quels remords même s'exposerait la Direction de l'Agriculture en persévérant dans ses premiers projets.

Heureusement que peu de gens, croyons-nous, iraient de leur propre gré s'exposer à un pareil danger, puisque la Direction de l'Agriculture impose des charges et n'accorde aucun privilège; puisqu'elle vend les terres aussi chères que les courtiers du pays, et que, par contre, elle ne confère la qualité effective de propriétaire qu'au bout d'un certain nombre d'années.

Si l'Administration veut que cette question considérable de la petite colonisation aboutisse, il faut impérieusement qu'elle l'aborde tout autrement, et, sans revenir aux prodigalités dont l'Algérie a été le théâtre, il faudrait donner des facilités, des encouragements et aussi de l'aide aux émigrants.

*
* *

Nous allons exposer nos idées à cet égard.

L'Etat cèderait à tout arrivant qui justifierait d'un passé agricole, de conditions d'honorabilité et d'un avoir de 5 à 20.000 francs, des terres à des prix aussi avantageux que possible. Ces terres seraient de préférence choisies dans les environs des centres habités, et surtout des grandes exploitations déjà existantes. La cession des terres serait faite à crédit, c'est-à-dire qu'un terme de six à dix ans serait accordé à l'acheteur pour le paiement du prix, sans intérêt. L'occupant aurait l'obligation de résider, de construire et d'exploiter.

L'Etat organiserait en même temps une institution

de Crédit Agricole qui ferait à ces colons des avances de fonds, à des conditions très réduites d'amortissement, pour l'achat du cheptel et la construction des bâtiments d'exploitation, dont le type serait déterminé et fixé.

Il serait facile de trouver les précautions nécessaires et pratiques pour prendre des garanties et assurer l'affectation exacte des deniers prêtés.

En lui offrant ces avantages, on mettrait le colon dans des conditions excellentes de chances de réussite, puisqu'ayant la terre, l'habitation et le cheptel, il lui resterait son capital intact pour entreprendre son exploitation et subsister en attendant les résultats.

Nous venons de dire que les terres destinées à la petite colonisation devraient être choisies dans les régions déjà colonisées. Ce serait très important, pour que le colon ne fût pas dépaysé, pour qu'il pût recueillir les renseignements de l'expérience, et pour qu'il pût profiter de l'argent que le grand colon répand autour de lui.

Enfin, il faudrait créer dans ces régions des groupements et des villages, le Gouvernement dût-il prendre à sa charge les dépenses d'installations, de constructions de maisons d'habitation, d'écoles, d'églises, etc. Les maisons seraient louées aux habitants à un taux qui comprendrait le loyer et l'amortissement, de manière à les rendre propriétaires au bout d'un certain temps. L'argent ainsi dépensé ne le serait pas en pure perte, et ne tarderait pas à rentrer avec bénéfice dans les caisses de l'Etat.

Si le Gouvernement veut se mettre à la tête du mouvement de colonisation et faire dévier au profit de la Tunisie l'émigration des milliers de Français qui vont chaque année chercher un sort en Amérique, il est indispensable qu'il se décide à adopter toutes les mesures propres à assurer le succès de cette noble tentative.

En agissant ainsi, le Gouvernement du Protectorat démontrerait que la Tunisie est faite pour coloniser et non pas simplement pour caser des fonctionnaires, dont le nombre est aujourd'hui le double de celui des agriculteurs.

Les grandes sociétés financières qui possèdent des domaines immenses dont elles ne tirent qu'un parti médiocre devraient, elles aussi, se mettre à l'œuvre pour s'associer à cette entreprise de colonisation ; en faisant des sacrifices provisoires, elles peupleraient leurs terres et réaliseraient un jour, par là, des bénéfices considérables.

II

Sur le Mode d'Exploitation d'une Propriété en Tunisie

Il est essentiel pour les colons de ne pas se cantonner dans une spécialité; *il y a toujours danger à mettre tous ses œufs dans le même panier,* et il ne faut pas oublier que c'est à la monoculture que l'Algérie doit la crise inquiétante qu'elle traverse.

En agriculture, les déceptions ne sont que trop fréquentes; la durée des sécheresses, les vents brûlants du sud sont, en Afrique, des adversaires redoutables qui déjouent trop souvent les calculs de probabilités.

C'est pourquoi le colon doit diviser ses risques, se ménager toutes les ressources que peut lui offrir son domaine, et tirer parti de tout. Si, par suite d'événements imprévus ou d'intempéries brusques, une partie de ses récoltes lui fait défaut, il pourra se rattraper sur les autres branches de son exploitation.

Toutefois, il est démontré que c'est en basant son programme de colonisation sur la culture intelligente et raisonnée des céréales et des fourrages, combinée avec l'élevage et l'engraissement du bétail, que l'agriculteur aura les meilleures chances de réussite.

Avec le bétail soumis à une demi-stabulation pendant la nuit et pendant les mauvais temps, le fermier aura des animaux bien portants et se procurera le fumier nécessaire pour enrichir ses terres; il sera ainsi dispensé de recourir aux engrais chimiques, qui ne produisent généralement aucun résultat dans les terres de Tunisie, pour la plus grande partie calcaires et dépourvues d'humus.

Ce fumier lui est indispensable s'il veut aborder avec succès la culture des céréales et des fourrages alternés. C'est surtout dans ce pays, où le sol superficiel a été épuisé par les cultures arabes, qu'on a raison de dire : *On obtient tout avec le fumier, et rien sans le fumier.* Le fumier de ferme a non seulement la faculté d'apporter au sol les richesses organiques qui lui manquent ou qui lui ont été enlevées, mais il a aussi — et cela est capital dans un climat aussi sec et aussi chaud que le nôtre — l'avantage de retenir dans la terre l'humidité qui est nécessaire à la végétation.

Par suite de ces fumures, les céréales et les cultures fourragères donneront en abondance, au colon, le grain, la paille et le foin nécessaires pour nourrir ses animaux et son bétail.

On peut dire que ces trois opérations: céréales, fourrages et bétail, sont liées ensemble de la façon la plus intime, et qu'on ne peut faire l'une sans les autres.

Mais si le bétail, les fourrages et les céréales doivent former l'assise sur laquelle le colon établit les bases principales de son exploitation, il ne s'ensuit pas qu'il doive négliger les autres ressources qui existent en agriculture et que lui permettent la nature et la situation de sa propriété. Au contraire, le colon devra s'occuper de tout ce qui pourra lui former un revenu et se rattraper ailleurs, dans le cas où, par suite de force majeure, ses grandes cultures subiraient un échec partiel ou momentané.

C'est ainsi qu'il fera bien de se former un vignoble ; malgré la baisse des prix du vin, nous ne déconseillons pas la vigne, bien au contraire ; mais nous recommandons de ne pas en faire trop, et surtout de ne pas se livrer exclusivement à cette culture. Il est facile de constater que tous ceux dont la récolte ne dépasse pas une quantité qui varie entre 500 et 1.000 hectolitres, la vendent facilement et à un bon prix, soit sur place, soit parmi leurs relations en France, où leurs amis et connaissances n'hésitent jamais à payer un peu plus cher lorsqu'ils sont assurés d'avoir un vin naturel et bien fait. Il faut ajouter que lorsqu'il ne s'agit que d'un vignoble de 10 à 20 hectares, on peut soigner et la vigne et le vin, obtenir le maximum de vendange et faire un produit irréprochable. L'essentiel est de ne pas faire plus de vin qu'on ne peut en écouler directement, car c'est surtout pour le vin qu'il faut se soustraire à la série des intermédiaires (courtiers et commissionnaires), qui prélèvent à leur profit le plus clair du produit de la vente.

Il y a encore bien d'autres éléments de profits, et quoique quelques-uns d'entre eux soient modestes, le colon fera bien de ne pas les négliger.

Nous citerons entre autres :

L'olivier, qui est en somme le grand produit du pays, et qui, bien cultivé et surtout bien taillé, peut donner de beaux résultats ;

La plantation du caroubier, qui sera un jour, nous l'espérons, une source de richesses nouvelles pour le pays ;

Les cultures fruitières et spécialement des fruits à noyaux (pistaches, amandes, prunes, abricots), très recherchés par la confiserie, et dont la Californie tire un si grand parti ;

La culture maraîchère, si on se trouve dans le voisinage d'une ville, en s'arrangeant pour préparer les semis sous châssis, de manière à forcer les légumes et arriver au marché avant les produits des indigènes;

L'élevage du porc en loge, pour utiliser les résidus de la ferme et du potager;

L'élevage de la volaille, et notamment de la pintade, qui réussit très bien en Tunisie;

L'apiculture, non seulement pour ses produits directs, le miel et la cire, mais aussi pour les conséquences heureuses qui en découlent, car l'abeille est un agent merveilleux de fécondation pour les fleurs des arbres fruitiers, de toutes les légumineuses et aussi des graminées.

En somme, il convient que le colon ait, le plus possible, *un grand nombre de cordes à son arc;* et c'est en utilisant toutes les ressources que lui offrent le sol et le climat qu'il pourra se tirer d'affaire et réussir.

III

Main-d'Œuvre agricole

Les Tunisiens étaient seuls autrefois soumis à l'impôt de capitation dit *medjba.* Les Musulmans de provenance étrangère en étaient exemptés.

Il y a toujours eu en Tunisie une population flottante d'immigrants du Maroc ou du centre de l'Afrique. Les Marocains venaient dans ce pays pour être gardiens ou terrassiers; les Touati étaient maçons ou jardiniers; les nègres du Fezzan travaillaient aux champs.

L'extension de la colonisation par nos compatriotes ayant donné une vive impulsion aux travaux agricoles, les Fezzani sont venus en plus grand nombre; leurs voisins du Bornou, du Wadhaï et du Baghirmi les ont imités. Cette immigration avait pris une importance sans cesse croissante. Nos colons y trouvaient une main-d'œuvre intelligente, docile et à bon marché. D'autre part, ces nègres, de retour dans leur pays, où ils allaient porter le fruit de leurs économies, vantaient la puissance, la richesse et la loyauté des colons français; ils se faisaient ainsi les apôtres de notre civilisation et faisaient connaître et aimer notre nom parmi les peuplades du nord du lac Tchad.

Ces relations menacent d'être interrompues par suite de l'étrange idée qui a inspiré à notre Administration la prétention de faire payer la medjba à tous les Musulmans, Tunisiens ou non. Lorsqu'ils ont vu qu'on leur réclamait cet impôt, relativement élevé pour des gens dont le salaire est minime, les Fezzani ont immédiatement ralenti leur mouvement d'immigration. Aujourd'hui, il n'en vient presque plus!

La Colonie française, menacée de perdre un des éléments les plus précieux de sa main-d'œuvre agricole, s'est vivement émue de cette situation; elle a réclamé auprès du Gouvernement, et, à Paris, M. Pauliat s'est fait l'interprète auprès du Sénat de cette classe intéressante d'ouvriers agricoles. Il faut espérer que son intervention éloquente aura pour résultat de faire rapporter les mesures maladroites prises par notre Administration des Finances.

Il n'est pas douteux que si la main-d'œuvre des Fezzani et autres nègres musulmans venait à nous manquer, les prix des journées d'ouvriers hausseraient dans des proportions considérables, et l'on peut dire que le sort de notre agriculture est lié à l'immigration des ouvriers soudanais.

Le nègre est doué d'une résistance complète aux chaleurs excessives de l'été; il est doux, honnête, et apprend facilement. Dans certaines exploitations, il est employé dans tous les travaux qui demandent un certain discer-

nement ; j'en connais qui sont devenus forgerons, ouvriers cavistes ; ils font d'excellents laboureurs.

Le nègre, employé aux simples travaux de piochage,
gagne 1 fr. 50 par jour. Lorsqu'il sait labourer, il faut le
payer 1 fr. 75 ou 2 fr. On ne peut trop compter sur l'A-
rabe du pays, qui est souvent indolent et ne peut nous
offrir des garanties de stabilité ; il vient s'offrir à nous
lorsqu'il n'a aucune occupation, mais lorsqu'arrivent les
moissons, les labours, les semailles et la cueillette des
olives, il disparaît pour ne revenir que lorsque ces travaux sont terminés.

Aussi, peut-on affirmer que si les Soudanais venaient
à disparaître, nous serions à la merci de la main-d'œuvre
italienne.

Nous avons tous occupé des ouvriers siciliens ou
calabrais ; ce sont certainement des ouvriers robustes,
mais leurs salaires sont élevés et varient de 3 à 4 fr. ;
du reste, il y a parmi eux une telle écume d'aventuriers
échappés à la justice de leur pays et cachant sous de
faux noms un passé criminel, que c'est toujours un danger pour nos campagnes que l'agglomération de cette
catégorie d'ouvriers.

Les Maltais s'adonnent rarement aux travaux de
grande culture, ils restent de préférence dans les villes.

Les Espagnols sont malheureusement en nombre très
restreint.

Les Français forment l'état-major ; c'est, on peut le
dire, une classe supérieure ; ils fournissent aussi les
métiers d'arts : mécaniciens, forgerons, charrons, menuisiers, bourreliers. Ce sont les cadres : ils nous offrent
des officiers et des sous-officiers, mais très peu de sol-
dats.

La situation pour la main-d'œuvre agricole est donc
bien nette :

Des nègres à 1 fr. 50 cent. par jour en moyenne, et,

à défaut de ces nègres, des Calabrais et des Siciliens qui gagnent le double et n'en font pas davantage.

Avec le nègre, tranquillité absolue, docilité complète; avec les autres, inquiétudes continuelles et quelquefois danger d'avoir affaire à un bandit, déguisé momentanément en ouvrier.

Il était donc de notre intérêt d'attirer sur le territoire de la Tunisie le plus grand nombre d'émigrants de l'intérieur de l'Afrique et d'augmenter par là le rayonnement de notre influence dans les populations du Sahara et du Soudan.

C'est ce que notre Administration n'a pas encore su comprendre.

IV

Les Etudes archéologiques et la Colonisation

Les ruines considérables qui couvrent le sol de la Tunisie témoignent de l'importance qu'avait ce pays au temps de la domination romaine.

Mais ce témoignage est aussi un enseignement, et les colons ne sauraient trouver un meilleur guide que l'étude même de ces vestiges de la colonisation antique.

L'examen attentif de ce qui reste des établissements romains et, par suite, la science archéologique, peuvent faire éviter bien des tâtonnements et bien des fautes coûteuses.

Les Romains ont été des colonisateurs parfaits; ils ont su tirer un parti admirable du sol et du climat. Nous n'avons qu'à profiter de leur expérience, dont ils ont laissé des traces encore palpables; en étudiant la reconstitution de leurs œuvres, nous saurons à notre tour ce que nous avons à faire.

C'est ce qu'ont fait beaucoup de colons, et tous s'en sont bien trouvés.

Aussi, dirons-nous à ceux qui arrivent en Tunisie pour s'y installer et qui courent le pays à la recherche de propriétés à vendre : *Ne choisissez que les terres sur lesquelles vous trouverez des ruines, et lorsque vous vous installerez, placez votre habitation là où vous découvrirez des traces d'habitations romaines.*

Ils y trouveront d'excellentes conditions de salubrité et ils auront sous la main les matériaux de construction. Les substructions sont même souvent assez solides pour y édifier les habitations nouvelles, en suivant le plan de la maison romaine qui était adaptée intelligemment aux besoins du pays.

Si l'eau de source n'est pas à proximité (et dans ce cas des traces de canalisation sont visibles), ils retrouveront sans le moindre doute des puits ou des citernes qu'il sera facile d'utiliser avec peu de frais.

L'étude des ruines est également très utile pour le choix des cultures et la disposition des irrigations.

On peut donc s'établir avec assurance partout où se manifestent les restes des bourgades ou des fermes romaines.

Telles contrées paraissent aujourd'hui stériles, qui ont dû être fertiles autrefois, puisque l'abondance des ruines démontre l'existence d'anciennes colonies. Il ne s'agirait, pour rendre à ces régions abandonnées leur antique prospérité, que de recommencer ce qu'ont fait les Romains, et dont nous trouverons les traces à chaque pas.

V

Question forestière

L'Administration des Forêts n'est pas en odeur de sainteté dans nos possessions africaines.

En Algérie, sous prétexte de quelques tracasseries,

démesurément grossies et dénaturées, les populations indigènes, soutenues par des colons qui convoitent les forêts de l'Etat, ont poussé de tels cris, qu'elles ont fini par émouvoir nos hommes politiques et intéresser à leur cause les membres de la Commission de l'Enquête sénatoriale.

Il est vrai que l'Administration forestière, trop jalouse de ses droits, s'obstine à conserver dans son domaine certaines étendues de broussailles dont elle ne peut tirer aucun parti et dont la désaffectation est justement réclamée par la Colonie.

Il serait facile de donner satisfaction à ces revendications légitimes, par l'élaboration d'un Code forestier mieux approprié aux besoins de l'Algérie.

Mais, comme il arrive presque toujours en pareille circonstance, on dépasserait le but et on commettrait une lourde faute si on adoptait les réformes proposées par la Commission de l'Enquête algérienne au Sénat.

S'il est vrai qu'il convient de faire disparaître les vices d'une législation qui assimile les grandes forêts de France à de nombreux maquis broussailleux, incapables, par la nature des buissons qui les composent, de former jamais un massif forestier, il n'en est pas moins vrai qu'il faut se garder scrupuleusement de donner satisfaction aux appétits des colons et des Arabes acharnés à arracher à l'Etat la liberté des pâturages dans les forêts algériennes.

M. Jules Ferry, dans son éloquente étude sur le gouvernement de l'Algérie, cédant à un sentiment de générosité spontanée, s'est apitoyé sur le sort des indigènes qui se présentaient comme les victimes des agents forestiers et demandaient que les forêts fussent ouvertes à leurs bestiaux. L'éminent homme d'Etat, peu au courant des exigences forestières, a cru trop facilement aux bonnes intentions de ces vieux ennemis des bois, et a eu la bonhomie de les prendre au sérieux en écrivant cette étrange théorie : *Le pâturage qui débroussaille un sol exubérant diminue les risques causés par la sécheresse.*

M. Ferry était excusable : **il ignorait que toute forêt ouverte aux troupeaux est condamnée à l'avance et disparaîtra dans un temps plus ou moins éloigné.**

Il n'est pas besoin de recourir à de longues explications pour démontrer que le bétail ne se contentera pas de l'herbe *rare* qu'il trouvera sous les bois, mais qu'il s'attaquera surtout aux jeunes plants venus de semences. Ces jeunes plants sont *l'avenir de la forêt ;* c'est par eux qu'elle se renouvelle au fur et à mesure de la disparition des arbres de haute futaie enlevés par la cognée ou par la vieillesse.

Et, sans insister outre mesure sur des faits connus de tous ceux qui ont une idée sommaire du reboisement, nous tenons à citer l'opinion de M. de Perthis, une des plus grandes autorités en matière forestière :

« *Je suis persuadé que de tous les bois détruits en France, la main de l'homme n'en a pas détruit la vingt-cinquième partie, et que le surplus l'a été par les animaux broutants.* »

Nous savons tous que, depuis des siècles, l'indigène, dans son imprévoyance enracinée, n'a jamais hésité à sacrifier les forêts à ses troupeaux, et que c'est ainsi que des régions entières du nord de l'Afrique ont été peu à peu transformées en désert.

Aussi, a-t-on pu dire que l'histoire et la géographie proclamaient ce fait : *Forêts livrées au bétail, forêts détruites ; montagnes sans bois, montagnes sans vie !*

Et M. Dehérain, le savant bien connu, a dit de son côté :

Ce ne sont pas les guerres qui ont fait le plus de mal à la région de la Méditerranée, mais bien la sécheresse amenée et aggravée par les déboisements irréfléchis et par l'abus exagéré du pâturage des moutons dans les montagnes.

Ce serait un bien grave danger si, sous prétexte de corriger quelques abus, faciles du reste à faire disparaître, le Gouvernement français cédait à la pression d'arabophiles inconscients et compromettait, par l'admission du droit de pâturage, l'existence même des forêts algériennes.

Les abus actuels sont en somme peu de chose; ils sont très faciles à déterminer, et proviennent en définitive d'une classification défectueuse qui englobe dans le régime forestier des boussailles qui ne seront jamais que des broussailles. Il sera juste de remédier à cet état de choses, mais on ne saurait aller au delà.

Du reste, M. Jules Ferry devait se faire, du rôle des forêts, une idée bien imparfaite, puisqu'il a pu écrire :

« *Les massifs boisés ne sont considérés économiquement, en France, qu'à un point de vue, la production du bois.* »

C'est une phrase malheureuse : la conservation des forêts est indispensable *à tous les points de vue*. Ce sont les forêts qui fixent l'humidité atmosphérique ; ce sont elles qui créent les sources, régularisent les cours d'eau, etc. On peut dire que, sans forêts, l'agriculture serait impraticable !

Comme l'a dit M. Niepce :

« *La conservation des forêts est en même temps la conservation des sources et des cours d'eau ; c'est la seule défense que l'homme puisse opposer à la sécheresse du climat.* »

*
* *

L'Algérie est soumise au système des rattachements, de telle sorte que son Administration Forestière est incorporée au Ministère de l'Agriculture et régie par le Code forestier français. La situation ne peut être modifiée que par une loi votée par les Chambres françaises.

En Tunisie, il n'en est point de même. Le Code forestier n'y est point applicable. Il n'y a pas de législation, en quelque sorte : il n'y a qu'une réglementation sommaire établie par le décret du 20 août 1886. Ce décret, qui s'occupe de la police des forêts, est reconnu absolument insuffisant.

Tout l'édifice forestier repose sur le décret du 1er septembre 1881, qui dit :

« *Les forêts sont la propriété de l'Etat et constituent une branche de ses revenus ; pour ce motif, toute aliénation de cette nature est nulle et non avenue.* »

Ce décret est précédé du préambule suivant :

« Le Gouvernement de Son Altesse ayant appris que des étrangers cherchent à disposer des forêts, prétendant les avoir obtenues, par achat ou autrement d'indigènes des tribus..... »

Il résulte de cette législation que le Domaine public peut revendiquer toutes les parties boisées de la Tunisie.

C'est ce qu'il a fait, et ses prétentions ont été même beaucoup plus loin. Non contente de prendre les forêts, l'Administration a jeté son dévolu sur tous les terrains couverts de buissons. L'expression du mot « forêts » n'a pas eu de limites, et l'Etat s'est habitué à regarder comme sa propriété les broussailles comme les bois.

Les colons sont devenus inquiets, et c'est à juste titre ; certains d'entre eux qui avaient acheté, de très bonne foi, des milliers d'hectares, se sont trouvés bien heureux, après avoir supporté des procès interminables, d'en conserver quelques centaines.

Partout où se trouvent des fourrés de lentisques, chênes nains ou jujubiers sauvages, l'Administration apparaît et fait main basse, au nom du Service Forestier, dès qu'un Européen est connu comme acheteur des Arabes.

A ce compte, nul n'est assuré d'être propriétaire paisible, car quel est le grand domaine de Tunisie où il n'existera pas de parties couvertes en buissons?

Le public, exaspéré de toutes ces revendications, s'en prend au Service des Forêts, qui n'est pas le principal coupable. On oublie que cette Administration, qui devrait compter parmi les plus importantes de la Régence, est dirigée par un simple inspecteur placé sous la coupe de deux Directions, celle des Travaux publics et celle des Finances.

C'est à cette dernière qu'il faut attribuer les nombreuses vexations dont les colons se plaignent avec raison; c'est elle qui, se basant sur le décret de 1881, est en train de revendiquer tous les buissons de la Tunisie.

Cette interprétation abusive du décret beylical oppose des entraves sérieuses au développement de la colonisation.

On sait que la majeure partie de la Tunisie, par suite de son dépeuplement, s'est peu à peu couverte de buissons, et, pour la plupart du temps, quels buissons! des cystes, des épines, des jujubiers et des lentisques.

Si le défrichement des fourrés impénétrables au bétail comme à l'homme est interdit, la Tunisie restera en partie inhabitée.

Nous ne demandons pas à l'Etat de se dessaisir de ses droits sur les forêts, et nous comprenons qu'il soit *intraitable* au sujet de la conservation et de la protection de ces richesses publiques.

Nous ne suivrons pas non plus, dans leur campagne, ces colons qui, sous prétexte d'utiliser les clairières enclavées dans les massifs forestiers, ne cherchent, en somme, qu'à s'assurer le pâturage de leurs troupeaux dans les forêts de l'Etat.

L'Administration a le devoir de s'opposer de toutes ses forces à l'admission d'une pareille théorie; ainsi que nous l'avons exposé plus haut, à propos de l'Algérie, le pâturage est le fléau des bois, dont il finit toujours par amener la destruction plus ou moins rapide.

Nous ne cherchons donc en rien à porter atteinte aux droits du Service Forestier, et nous sommes les premiers à en reconnaître l'immense utilité.

Mais nous demandons que la détermination de « la forêt » soit établie nettement; qu'il n'y ait plus de confusion possible, et que le public soit enfin clairement fixé sur l'étendue des droits et du domaine de l'Etat.

Il en résultera que les forêts, dans l'expression exacte du mot, seront mises à l'abri des convoitises des populations, et que les broussailles inutiles, inexploitables et dépourvues d'essences forestières pourront être livrées au défrichement et à la culture.

Au début de l'occupation française, les tendances de l'Administration des Forêts étaient plus conformes à l'intérêt du pays et de la jeune Colonie. Son premier inspecteur fut M. Lefèvre, un vieil Algérien, très compétent dans son service et très entendu dans toutes les questions de colonisation. Il s'était attaché avec passion à améliorer l'état des forêts tunisiennes, qu'il avait trouvées dans une situation assez triste. C'est à lui que l'on doit le programme des travaux préparatoires et de l'exploitation des forêts de chênes-liège de la Kroumirie, dont nous pouvons apprécier aujourd'hui les heureux résultats.

Mais M. Lefèvre, qui supportait avec impatience la tutelle des deux Directions dont il dépendait (Travaux publics et Finances), rêvait la création d'un Service Forestier indépendant; au lieu de poursuivre patiemment la réalisation de ce vœu légitime, il se mit en lutte ouverte avec M. Michaud, alors directeur des Travaux publics, et M. Massicault, qui était un homme de gouvernement, refusa de tolérer cet état d'indiscipline et demanda le rappel de M. Lefèvre.

Depuis lors, les plaintes affluent contre les agissements

d'un Service qui ne parait plus être à la hauteur de sa mission et qui, dans ses relations avec la Colonie, se trouve guidé par l'esprit fiscal qui anime la Direction des Finances.

Le public est unanime à réclamer une réforme qui s'impose.

Les uns demandent le rattachement des forêts à la Direction de l'Agriculture; les autres préfèrent qu'on leur donne leur indépendance.

Nous sommes de ceux-là. La Direction de l'Agriculture a déjà trop à faire pour qu'on songe à augmenter ses attributions; la petite colonisation, la viticulture, l'agriculture, l'élevage, les oliviers avec les terres sialines, constituent un champ assez vaste pour absorber toute l'intelligence et l'activité de son Directeur.

La question des forêts est assez importante pour mériter la création d'une Direction particulière, ayant son budget spécial. Elle aurait naturellement à sa tête un homme de la carrière, formé par la remarquable Ecole Forestière de Nancy; il défendrait, au Conseil des Chefs de Service, les intérêts de son administration et pourrait, avec l'autorité nécessaire, faire prévaloir ses idées en fait de défense des forêts et de reboisement.

*
* *

Nous venons de parler de reboisement, et c'est le cas d'insister. Le rôle de l'inspecteur, faute de budget, a dû se borner à l'aménagement, souvent imparfait, et à l'exploitation des forêts de chênes-liège susceptibles de donner un produit immédiat.

La question de reboisement a dû être négligée; il est temps d'y songer et de commencer les reboisements méthodiques dans les parties favorables de nos montagnes.

L'utilité de reboiser les pentes et les hauteurs est justifiée par le besoin d'opposer une barrière forestière aux vents du sud et d'arrêter les terres que les pluies enlèvent aux montagnes et emportent avec les torrents.

Il faut aussi se rappeler l'insuffisance des surfaces boisées en Tunisie, qui ne possède que 4 1/2 % de son territoire en forêts, alors que la moyenne de l'Europe est de 30 %.

Mais, pour réaliser ces projets dont la solution est urgente, il faudrait d'abord édicter une législation forestière et combler une lacune regrettable. Il faudrait aussi, et surtout, procéder à la reconnaissance définitive du sol forestier et à la délimitation du domaine de l'Etat.

Pour établir la législation dont nous parlons, on ne saurait trouver mieux que le Code forestier français, en y apportant les modifications qui résultent de la différence du climat et des mœurs. Le chapitre des pénalités, notamment, devra être modifié, car ce qui est suffisant en pays civilisé ne l'est plus vis-à-vis des nomades. Si l'on veut prévenir d'une façon efficace les déprédations et les incendies, il est absolument nécessaire d'appliquer la responsabilité collective des tribus. Ces mesures, réclamées depuis longtemps par le personnel forestier et par l'opinion publique en Algérie, sont les seules qui pourront réprimer des dégâts qui deviennent peu à peu des désastres.

*
* *

A l'occasion de l'Exposition de 1889, M. Lefèvre avait publié une brochure pleine d'intérêt sur les forêts tunisiennes. Il y avait là des renseignements spéciaux sur les essences forestières prospérant en Tunisie et sur leur adaptation à ses divers sols. Cette étude eut le malheur de déplaire au Gouvernement du Protectorat, à cause de certaines appréciations, fort discrètes cependant sur son Directeur des Travaux publics. Celui-ci fit saisir la brochure et enfermer sous clef tous les exemplaires.

On pensait qu'après plusieurs années écoulées depuis le départ de M. Lefèvre et de son ancien Directeur, l'Administration des Travaux publics permettrait de consulter un travail dont les indications seraient utiles aux colons qui s'occupent de reboisement.

La Chambre d'Agriculture a demandé à plusieurs reprises, et sans résu'tat, communication de l'étude de M. Lefèvre.

La Direction des Travaux publics voudrait-elle faire de l'administration comme le Père Loriquet faisait de l'histoire? Voudrait-elle supprimer le nom et la mémoire de M. Lefèvre, comme l'illustre Père avait supprimé dans ses livres le nom et la mémoire du premier Napoléon?

Cela serait difficile, car M. Lefèvre a laissé ici trop de bons souvenirs pour que l'on perde de longtemps la mémoire des services qu'il a rendus.

En ce temps-là, l'Inspection des Forêts faisait de la bonne besogne et ne perdait pas son temps à disputer aux colons les broussailles qu'ils ont achetées.

VI

Hydraulique agricole

L'Empire romain avait fait de la province d'Afrique la plus riche de ses colonies. Ce sol, aujourd'hui aride et sec sur une grande surface de son territoire, était autrefois le grenier de Rome; il lui fournissait la plus grande partie de sa subsistance. Le degré de prospérité de la Tunisie, à cette époque, est attesté par les ruines importantes qui font notre admiration et sont les témoins irrécusables d'une splendeur disparue.

Si les Romains ont pu réaliser tant de grandes choses, ils le devaient à leurs admirables travaux d'hydraulique.

A cette époque, il ne tombait pas une seule goutte d'eau du ciel qui ne fût utilisée pour l'agriculture ou l'alimentation des habitants.

Dans un pays où les périodes de sécheresse durent pendant de longs mois, où la chaleur est torride pendant le quart de l'année, il était indispensable de rechercher les eaux souterraines et de retenir celles qui provenaient de la pluie. Il pleut en Tunisie tout autant que dans certaines régions de la France ; seulement, les pluies ne tombent que pendant quatre mois de l'année ; il faut donc s'organiser pour les conserver, afin de s'en servir au moment des chaleurs.

Les traces de barrages, de citernes, d'aqueducs ou de canalisations que l'on découvre à chaque pas ne laissent aucun doute sur le rôle que jouait dans l'antiquité la question des eaux pluviales ou souterraines. On peut dire, en voyant les restes de cette civilisation, que la préoccupation de l'eau dominait tout, et c'était bien naturel, car la prospérité du sol et des habitants en dépendait absolument.

Olivier de Serres, le père de l'agriculture française, a dit :

« Par l'eau tous terrains sont rendus fertiles. »

Et il ajoute :

« Eau, plus soleil, égale foin. »

Après avoir visité l'Algérie, le grand chimiste qui a rendu tant de services à l'agriculture, M. Dehérain, a écrit :

« Le manque d'eau, ou, si l'on veut, la trop grande irrégularité des saisons, voilà le plus grand obstacle à la colonisation de l'Algérie. Tous nos efforts doivent tendre à mieux utiliser les eaux qui existent, soit en créant des barrages dans les montagnes et en les multipliant sur des points choisis, soit en favorisant les canaux d'irrigation, soit encore en reboisant et regazonnant les hauteurs et les pentes. »

Qu'a fait le Gouvernement pour cette question primordiale et de beaucoup la plus importante?

Jusqu'ici, ses études et ses travaux ont porté uniquement sur l'alimentation des centres de population. Le Service des Travaux publics s'est occupé de capter et de canaliser les sources pour alimenter deux villes (Sousse et Kairouan) et un certain nombre de villages; quelques sondages ont été pratiqués dans la région des oasis. Mais rien encore n'a été étudié pour les besoins et le développement de la colonisation agricole, et les recherches d'eau n'ont eu lieu que lorsqu'il a fallu s'occuper de l'alimentation des villes et villages.

On a fait des routes; on construit des chemins de fer et des ports. C'est fort bien, mais avec quoi les alimentera-t-on?

Si l'on veut trouver un trafic important, augmenter la production et se garantir contre les années de sécheresse; si l'on veut que la Tunisie se repeuple et prospère; si l'on veut que la colonisation réussisse et se développe, il n'y a pas à hésiter, il faut au plus tôt étudier l'amélioration du régime des eaux. Il faut relever les points où l'on pourrait capter les sources et les nappes souterraines; ceux où l'on pourrait faire dévier, au profit de l'irrigation, les nombreux cours d'eau qui se perdent, sans rien féconder, sur leur parcours. Ces études comprendraient aussi le calcul des surfaces irrigables, la nature des ouvrages à exécuter et les chiffres des dépenses à prévoir.

L'Administration des Travaux publics possède un personnel capable et nombreux; elle pourrait, sans beaucoup de frais, en détacher une partie pour l'étude du régime des eaux et l'élaboration du programme des travaux d'hydraulique au point de vue agricole.

Lorsque ces connaissances seraient acquises, on examinerait ce que les finances de l'Etat permettraient d'exécuter et, si on le jugeait avantageux, on pourrait recourir au système des concessions, dont les titulaires seraient rémunérés de leurs travaux par la perception des redevances à exiger de ceux qui se serviraient des eaux concédées.

Ne l'a-t-on pas fait pour les sources de Grombalia?

On attirerait ainsi en Tunisie les capitaux qui, sans emploi en France, ne vont que trop souvent à l'étranger contribuer à créer des œuvres qui ne nous profitent pas.

La production locale bénéficierait de l'emploi de ces capitaux; le rendement des impôts en serait augmenté, et la face du pays serait transformée.

M. le Directeur de l'Agriculture attache un grand prix à la production des fourrages; il y voit l'avenir de la colonie. Il a peut-être raison, car la Tunisie est en général un pays favorable au bétail; mais cette culture des fourrages ne pourra réussir que par l'irrigation. Faisons donc le nécessaire; appliquons-nous à faire des barrages et à retenir l'eau des pluies, d'autant plus nécessaire qu'il y a bien des endroits en Tunisie où la nappe d'eau souterraine est chargée de magnésie et où les puits ne donnent qu'une eau impropre à l'arrosage.

<h2 style="text-align:center">VII</h2>

Les Biens habous

Les biens habous sont des immeubles urbains ou ruraux qui ont été rendus inaliénables par leurs anciens propriétaires et dont les revenus ont été affectés, à perpétuité, à des dotations pieuses ou bienfaisantes, telles que l'entretien des villes saintes ou des mosquées, des écoles, des fontaines, des hôpitaux, etc.

Ces biens sont gérés par une administration particulière appelée *Djemaïa,* dont le conseil supérieur est nommé par le Bey; cette administration est également chargée d'appliquer les revenus de ces biens aux affectations indiquées par les fondateurs du habous.

Les propriétés habous sont nombreuses et répandues dans toute la Tunisie; par conséquent, le nombre des employés commis par la Djemaïa à l'administration de ces biens est considérable.

Malgré la bonne volonté des membres qui composent le conseil supérieur et qui sont choisis parmi des gens éclairés et probes, il leur est impossible d'exercer un contrôle effectif. Il existe de nombreux abus consacrés par l'usage et surtout par les habitudes des innombrables employés subalternes qui vivent sur les revenus des habous et qui souvent les gaspillent.

Aussi, peut-on dire, sans porter atteinte à l'honorabilité du conseil supérieur de la Djemaïa, que les biens habous sont mal administrés et qu'une faible partie des revenus arrive à sa destination.

Si ce sont des maisons, elles tombent en ruines; si ce sont des oliviers, ces arbres sont généralement laissés à l'abandon et dépérissent, à tel point que lorsqu'on rencontre des oliviers en triste état, on peut assurer, sans avoir à se tromper, que ce sont des oliviers habous; si ce sont des terres de labour, elles sont épuisées par de mauvaises cultures et envahies par les broussailles que l'Arabe n'arrache jamais et autour desquelles il tourne avec sa charrue; s'il y a des puits, ils sont comblés, et ainsi de suite pour tout ce qui constitue un domaine qui a été, cependant, formé en grande partie avec les plus belles terres de la Régence. On peut donc affirmer que le domaine rural des habous est à peu près improductif.

Pendant plusieurs années, la cession des biens habous à un chiffre de rente perpétuelle et déterminée *(enzel)* a pu avoir lieu par voie d'enchères; on en a usé largement, et la facilité de se procurer un domaine sans débourser de capital a tenté et attiré beaucoup de monde. On peut dire que la colonisation française en a usé largement. Depuis trois ou quatre ans, pour des raisons peut-être politiques, et devant lesquelles nous nous inclinons, des entraves ont été apportées à ce genre d'opérations. La mise à enzel de ces biens est devenue aujourd'hui assez rare.

On n'est pas fixé sur l'importance du domaine habous. M. de Lanessan, dans son *Étude sur la Tunisie*, l'évalue au quart de la surface cultivable de ce pays. D'après M. Bourde, ce chiffre est très exagéré. Quoi qu'il en soit, l'étendue de ces biens est considérable et pourrait fournir un aliment favorable au développement de la colonisation.

Un de nos compatriotes, M. Blondeau, avait proposé au Gouvernement tunisien de former une société pour la prise en charge des biens habous moyennant le paiement d'une rente perpétuelle à la Djemaïa et la construction de routes, chemins de fer et travaux d'hydraulique que cette société se serait engagée à exécuter de ses propres deniers.

Cette combinaison très séduisante, qui avait souri à M. Massicault, ne paraît pas avoir été prise en considération par le Gouvernement tunisien.

Il est question aujourd'hui de décharger la Djemaïa de l'administration de ces biens. L'État lui assurerait une rente perpétuelle qui suffirait à l'entretien des fondations déterminées par les constitutions de l'habous, et les propriétés seraient remises à un service français, qui pourrait en utiliser une grande partie pour la petite colonisation.

Nous sommes favorables à cette idée, et nous souhaitons qu'elle fasse son chemin.

Entre les mains d'une administration française, les biens habous contribueront à la production du pays et au développement de la colonisation.

VIII

Les Terres sialines
et les Plantations d'Oliviers

§ 1er

Il n'y a plus à en douter, les plantations d'oliviers dans les terres dites *sialines* ont du succès. La vogue qui s'est attachée dès le début à ce genre de plantations s'accentue de plus en plus. Tout le terrain est maintenant occupé dans un rayon de 50 kilomètres autour de Sfax. L'activité la plus grande règne dans ce pays, naguère encore abandonné et désert.

A la fin de 1892, la Direction de l'Agriculture avait reçu 338 demandes, dont 31 émanaient de Français et portaient sur un ensemble de 18.937 hectares, 3 d'étrangers pour 3.780 hectares et 302 d'indigènes déjà occupants pour 10.000 hectares.

En 1893, 498 nouvelles demandes ont été encore formulées, dont 20 de Français pour 9.349 hectares, 4 d'étrangers pour 500 hectares, et 474 d'indigènes pour 30.000 hectares.

Aujourd'hui, le total des demandes s'élève à 1.035, sur lesquelles 123 ont fait l'objet de réquisition d'immatriculation.

Malheureusement, ces formalités sont lentes, et 32 seulement, sur les 123, ont reçu jusqu'ici une solution définitive.

On ne saurait faire remonter la responsabilité de ces retards au Tribunal mixte, qui active la procédure dès que les dossiers sont en sa possession. C'est à Sfax que les affaires traînent, et cela provient en grande partie de ce que le personnel du Service Topographique est insuffisant comme nombre.

Ainsi que le disait dernièrement M. de L'Espinasse à

la Chambre d'Agriculture, « *le développement constant et certain de la forêt d'oliviers de Sfax et la formation progressive de vastes propriétés assurent le développement économique du sud de la Régence* ».

Les plantations entreprises par les Européens sont faites en vertu de contrats *megharsa*. D'après ce contrat, le propriétaire achète la terre et la livre à un ouvrier qui devient son *megharsi*. Le megharsi défriche le terrain lorsqu'il est débroussaillé ; il fournit les plants d'oliviers, les animaux de travail et se charge de toute la besogne jusqu'à ce que les arbres soient arrivés à production. Par contre, il peut faire, pendant les quatre premières années, des cultures de céréales intercalaires, et il jouit de ces récoltes. On admet que chaque megharsi peut planter et cultiver dix hectares. Chaque parcelle de dix hectares contient 165 oliviers. Comme le megharsi n'a généralement pas de grandes ressources, il est d'usage que le propriétaire lui avance une partie des fonds qui lui sont nécessaires pour planter ou acheter son matériel de labour (chameau et charrues). Ces avances ne produisent pas d'intérêt et sont remboursées à l'expiration du contrat. On compte que l'avance à faire à un megharsi peut s'élever à 3 ou 400 francs par dix hectares.

Le contrat est fait pour la plantation et l'entretien ; il expire au moment de la production. On admet que la plantation est arrivée à production lorsque les oliviers commencent à donner de quatre à six litres d'olives par arbre, ce qui peut arriver après huit ans de plantation. A ce moment, des experts divisent le lot en deux parts égales, dont l'une revient au propriétaire et l'autre au megharsi. A partir de ce moment, chacun exploite son lot comme il l'entend, et il n'y a plus d'intérêt commun.

Au moment du partage, le megharsi doit rembourser au propriétaire le montant des avances qu'il a reçues ; s'il n'est pas en mesure de le faire, il donne en paiement une partie des oliviers qui lui reviennent.

Les contrats entre indigènes sont passés devant notaire; lorsque le propriétaire est Français, c'est le Contrôleur civil faisant fonctions de Vice-Consul de France qui reçoit l'acte.

Ces contrats sont exécutés à la lettre, et l'indigène remplit fidèlement ses engagements, qui, du reste, lui sont profitables et doivent un jour le rendre à son tour propriétaire.

Ce genre de contrat a l'avantage d'associer les intérêts français et arabes; il se recommande par là à l'intérêt politique de la France; il permet, en outre, de fixer le nomade, de l'attacher au sol et de l'arracher à sa vie pastorale, qui est la ruine des terres.

Le contrat megharsa a séduit de nombreux capitalistes français; il procure une plantation économique; il assure la réussite, puisqu'en travaillant pour son patron, l'ouvrier travaille également pour lui; il garantit le colon français contre les déprédations et le décharge des soucis de la création.

Les plantations d'oliviers constitueront donc une excellente affaire tant que l'on pourra trouver des megharsi. M. Bourde croit que cette combinaison n'est pas près de manquer de bras. Les tribus des Metellits et la population de Sfax peuvent fournir, croit-il, 6.000 megharsi, ce qui assure la plantation de plus de 60.000 hectares. Lorsqu'il le faudra, du reste, il est à présumer qu'on pourra recruter de nombreux megharsi dans les autres tribus du sud de la Tunisie.

Mais il y a une objection sérieuse qui a été faite au mode d'association qui résulte du contrat megharsa, et qui paraît devoir créer plus tard une situation très difficile.

Comme on le sait, au moment de l'expiration du contrat, chaque lot est partagé entre le propriétaire et le megharsi. Si on prend comme exemple un domaine de 1.000 hectares, il y aura cent lots à partager, qui produiront deux cents parcelles, dont cent pour le colon et cent pour un nombre égal de megharsi. Ces lots seront enchevêtrés les uns dans les autres, comme les cases noires et blanches sur un damier. On voit immédiatement combien cette situation sera difficile pour l'exploitation et la surveillance. Chacun sera obligé de traverser les lots des autres pour aller cultiver, cueillir et transporter la récolte. Ce sera, en somme, une source d'ennuis et de conflits, surtout pour le colon, qui aura ses lots dispersés au milieu des lots des indigènes. La question paraît presque insoluble, à moins que le colon n'obtienne que ses anciens megharsi lui vendent ou lui échangent leurs lots, de manière à constituer des propriétés d'un seul tenant; mais une solution qui dépend de la bonne volonté d'une des parties n'est pas une solution, attendu que le consentement pourra être refusé.

Nous pensons qu'il y aurait peut-être un autre moyen d'arranger les choses : ce serait, lorsque les olivettes seraient en rapport, de continuer le contrat avec le megharsi, en le chargeant de la culture et de la cueillette; on partagerait avec lui les frais et le produit. Malheureusement, cette combinaison peut ne pas plaire à tous les colons.

En prévision de toutes ces éventualités, il faudra, à notre avis, modifier la rédaction du contrat. Ainsi, un Français qui achèterait 1.000 hectares s'arrangerait pour traiter collectivement avec le nombre de megharsi voulus, et, dans un contrat unique, il serait convenu que le partage aurait lieu en deux lots seulement, d'un seul tenant chacun, l'un pour le colon et l'autre pour la collectivité des megharsi. Si la chose est possible, et pourquoi pas? c'est la solution trouvée.

§ 2.

M. Bourde a écrit, sur les cultures fruitières dans le centre de la Tunisie et en particulier sur la culture de l'olivier, un rapport absolument remarquable, tant au point de vue de la forme qu'au point de vue des données historiques.

La partie historique et la reconstitution idéale de ce que cette région devait être dans l'antiquité, jusqu'à l'invasion des Arabes, constituent un petit chef-d'œuvre. Les déductions que M. Bourde a tirées de l'histoire et de l'inspection des lieux ont été une révélation. Toutes ces pages sont à lire avec la plus grande attention.

La brochure de M. Bourde se termine par des prix de revient et des calculs de probabilités pour les bénéfices, sur lesquels nous devons faire les plus expresses réserves. Ces calculs financiers paraissent exacts, si l'on admet l'exactitude du point de départ et du point d'arrivée, c'est-à-dire les frais et la production. Il ne faudrait pas cependant prendre ces chiffres au pied de la lettre. Rien n'est certain en agriculture. Il y a tant d'aléas et d'imprévus ! Les saisons, les intempéries, les procédés d'exploitation, les qualités de celui qui est chargé de la conduite de l'affaire, jouent un si grand rôle dans la réussite, que pour un même genre d'exploitation les résultats peuvent être bons pour X..., médiocres pour Y..., mauvais pour Z...

Du reste, dans ces calculs de prévision, on oublie toujours quelque dépense, tandis qu'on est porté à exagérer les recettes. Ainsi, le prix de l'huile a baissé depuis l'apparition de la brochure ; il baissera encore, car, par suite de la surproduction, nous assistons à l'avilissement du prix de tous les produits agricoles et industriels ; c'est le résultat de la révolution économique actuelle, qui n'est pas près de finir, de l'avis des économistes.

Il se dégage cependant un fait de tous les renseignements présentés par M. Bourde, comparés à ceux des personnes qui ont combattu les théories du Directeur de l'Agriculture : L'opération de la plantation d'oliviers dans les terres sialines est bonne ; tout le monde est

d'accord là-dessus. Quand, au lieu de gagner 100 %,
on n'en gagnerait que 50, même moins, car il y a encore
de la marge, il n'en reste pas moins acquis que planter
des oliviers dans ces conditions c'est faire un bon placement de père de famille.

IX

Question maraîchère et fruitière

Tout le monde se plaint, à Tunis, de ne trouver au
marché que des légumes grossiers, chers et en quantité
insuffisante; parmi les colons, tous ceux qui ont voulu
faire des produits maraichers se plaignent à leur tour
de n'avoir pu les vendre à un prix rémunérateur; ils y
ont perdu de l'argent et, finalement, ont dû y renoncer.

En somme, les légumes frais sont rares et chers pour
le consommateur; et, d'autre part, le producteur renonce
à leur culture qui n'arrive pas à couvrir ses frais.

Mais, par exemple, tous, producteurs ou consommateurs, sont d'accord pour accuser la législation fiscale
actuelle de cette situation, défavorable aux uns comme
aux autres.

Quelle est donc cette législation fiscale qui est cause
de tout le mal?

Cette législation est vicieuse dans toutes ses parties :
le taux de l'impôt, 25 %, est exagéré, exorbitant; mais
l'application de l'impôt est pire encore. Tout le monde
est d'accord là-dessus, et si vous interrogiez le Directeur des Finances lui-même, il serait le premier à en
convenir.

Nous ne parlerons pas aujourd'hui du chiffre de
l'impôt; nous sommes persuadé que le jour est proche
où l'abaissement du taux de cet impôt aura lieu; et puis,
en somme, on sait bien que c'est toujours sur le consom-

mateur, bien plutôt que sur le producteur, que l'impôt pèse. Si la culture maraichère ne donne jusqu'ici que des déboires, si elle est impossible dans la ville de Tunis, alors qu'elle réussit autour d'Alger, cela tient à d'autres causes, et simplement au mode de perception de la taxe.

En principe, tous les légumes et fruits doivent être amenés sur le marché, où ils doivent être vendus aux enchères; le prix de l'encan sert de base pour la perception de l'impôt. C'est tout ce qu'il y a de plus simple et de plus facile... pour le fisc.

Pour le producteur, c'est bien différent. De deux choses, l'une: ou bien il accepte le prix de l'enchère pour réaliser ses légumes et fruits, ou bien il les rachète lui-même pour en disposer librement et, dans ce cas, l'enchère n'existe que pour établir le taux des droits.

Dans le premier cas, les acheteurs en gros se coalisent de manière que les denrées n'atteignent qu'un prix dérisoire, et le fisc y perd aussi bien que le producteur, le premier parce que les droits ne sont perçus que sur un chiffre très minime, le second parce qu'il cède sa production à un prix qui le ruine; quant aux consommateurs, ils paieront toujours aussi cher, car le syndicat qui a acheté les légumes pour peu de chose, ne les revend qu'avec un bénéfice très élevé. C'est donc l'intermédiaire qui bénéficie de la situation.

Dans le second cas, le syndicat des revendeurs, voyant que le producteur tient à sa marchandise, qu'il veut placer lui-même, n'a qu'une idée: celle de faire estimer les légumes et fruits le plus haut possible, de manière qu'ayant à payer des droits excessifs, il renonce à l'avenir à cette façon d'opérer.

Il en résulte donc que, dans un cas, le maraicher vendra ses produits à vil prix, et que, dans l'autre, il paiera des droits qui de 25 % passeront à 40 ou 50 % de leur valeur.

Et voilà pourquoi la culture des fruits et légumes, loin de se développer dans la Colonie française, s'éteint de plus en plus, et voilà aussi pourquoi on ne voit sur nos marchés que les produits grossiers des Arabes et des Maltais.

Puisque tout le monde est unanime là-dessus, Directeur des Finances et agriculteurs, il semble que la solution soit facile à trouver : *il n'y a qu'à changer le mode de perception de l'impôt.*

Mais comment ?

Tout le monde répond : En adoptant le système pratiqué par les octrois de France.

Il y a à cela un inconvénient : *le système n'existe pas,* car en France les légumes ne paient aucun droit; ils entrent librement et n'ont à acquitter qu'un droit d'emplacement, s'ils sont vendus sur un marché.

Il faut payer les droits à la porte; mais comment? sera-ce sur le poids ou le volume? Ce sera difficile, car le déchet sur le volume ou le poids varie de 12 à 20%; dans ces conditions, comment appliquer la taxe d'une façon régulière et exacte?

Sera-ce d'après l'évaluation du percepteur? C'est ce qui vaudrait le mieux, et, du reste, l'Administration, dans ces derniers temps, a autorisé certaines personnes, qui en avaient fait la demande, à se soustraire aux enchères et à payer les droits d'après l'évaluation des employés commis aux portes de la ville.

En somme, le malaise qui pèse sur la culture des produits maraichers et fruitiers provient surtout de la difficulté de l'écoulement; il ne faut pas oublier qu'à Paris et dans les autres grandes villes de France, le producteur est presque toujours son propre vendeur. En agissant ainsi, il éviterait les frais, ruineux à Tunis, de l'intermédiaire et les cabales des acheteurs en gros.

Que nos colons se le mettent bien dans la tête : la culture des fruits et légumes peut être très avantageuse, mais il faut qu'ils s'arrangent pour *écouler eux-mêmes leurs produits*.

Qu'ils louent une boutique au marché (je crois qu'on se propose d'en réserver à nos colons au prix de 15 fr. par mois); qu'ils se syndiquent au besoin, et ils verront alors que les légumes rapporteront un bon prix, lorsqu'ils seront livrés directement aux consommateurs.

Enfin, que l'acquittement des droits soit facultatif: par le moyen des enchères ou par le paiement aux portes et aux gares.

Les indigènes préféreront toujours le premier système.

Quant aux colons, nous ne doutons pas qu'ils préfèrent acquitter les droits aux portes, afin d'être maîtres ensuite de disposer de leurs produits comme ils l'entendront.

Il n'y a donc qu'à convertir en mesure définitive la tolérance actuelle et à charger de cette perception aux portes et aux gares des employés experts en la matière. Le colon fera lui-même la déclaration de la valeur de ses produits. Si elle est raisonnable, aucune difficulté; si elle est inférieure à la valeur réelle, il sera facile d'empêcher le renouvellement de cet escamotage. Il n'y a qu'à laisser la latitude au percepteur, en cas de dissimulation de la valeur, de retenir la marchandise, en payant la valeur déclarée, moins l'impôt. Le jardinier qui aura été pris dans son propre piège n'y reviendra plus. C'est, du reste, ainsi que cela se passe dans les octrois de France pour les objets assujettis aux taxes.

Nous ne voyons pas d'autre moyen de porter remède à la situation actuelle, en attendant un abaissement des droits, qui sera prochain, espérons-le.

*
* *

La question qui nous occupe a été portée devant la Conférence Consultative, au mois d'avril dernier.

La Commission des Finances a proposé de supprimer l'obligation de la vente aux enchères, tout en laissant le producteur libre de vendre ses produits à la criée ; mais, dans ce cas, le prix de vente n'aurait plus aucune action sur le quantum de la taxe.

C'est à l'entrée des villes ou des marchés qu'à l'avenir les fruits et légumes acquitteraient l'impôt, d'après un tarif établi suivant le poids, par catégorie et pour toute l'année ; ce tarif serait élaboré par une commission dont feraient partie des membres de la Conférence.

Tous les légumes et fruits paieraient le droit, ceux destinés à la consommation comme ceux destinés à la vente ; il n'y aurait plus de distinction entre eux.

La Conférence a voté à l'unanimité l'adoption de ces propositions et l'abaissement des droits à 6 %, malgré M. le Directeur des Finances, qui demandait de le porter à 10 %, ce qui ne s'expliquerait guère, puisque les fruits qui nous arrivent d'Europe ne paient que 8 %, droit général pour l'importation, ainsi qu'on le sait.

A quand l'application des réformes proposées par la Conférence Consultative ?

X

La Culture du Tabac

On en est réduit à solliciter de la Direction des Monopoles l'autorisation de faire, *sur une petite échelle,* des essais de culture de tabac, et il faudra considérer comme une victoire l'obtention de la permission de faire la preuve que cette culture, autrefois prospère, peut encore réussir !

La Tunisie possède, sur toute l'étendue de son territoire, des terres silico-argileuses, riches en potasse, sur lesquelles le tabac était autrefois cultivé avec succès et donnait des produits *renommés* dans tout l'Orient.

Cette culture, qui était l'une des plus rémunératrices, a dû cesser lorsque la fabrication et la vente du tabac furent mises en fermage.

Ce sont les *fermiers* de ce monopole qui, par un sentiment de rapacité, ont tari dans le pays cette source de richesses; leur intérêt était de faire disparaitre la production locale du tabac et de l'acheter à vil prix sur les marchés d'Europe. Ils économisaient, en outre, de cette façon, les frais de surveillance de la culture.

C'est pourquoi on en est arrivé en Tunisie à fumer les rebuts et les déchets des tabacs allemands, belges ou grecs, à la place des bonnes qualités que l'on récoltait dans la Régence.

La disparition du *fermage* n'a rien changé à cet état de choses. L'Administration a fait déclarer par un ingénieur [1] des manufactures de France que le sol tunisien était défavorable à la culture du tabac.

Et l'Administration continue à suivre les errements des *fermiers,* en les aggravant peut-être, car jamais le tabac de la Régie tunisienne n'avait été aussi mauvais. On ne sait pas comment, ni où, se fournit la Direction des Monopoles, mais ce qu'il y a de certain, c'est que le tabac dit tunisien qu'elle vend est affreux.

Les protestations du public n'y font rien !

Cette question, si intéressante à la fois pour la production et la consommation, a été portée en 1889, par la Chambre d'Agriculture, devant M. Rouvier, Résident de France à Tunis, qui a répondu en ces termes :

« Il est impossible d'autoriser dès à présent la culture « du tabac, *même si la démonstration en faveur de* « *la qualité des produits que l'on pourrait obtenir* « *était faite,* car ce serait une réorganisation complète « du Service des Monopoles, où il faudrait créer un ser- « vice de surveillance des plantations. »

[1] Cet ingénieur est venu à Tunis, il est vrai, mais c'est tout ce qu'il a vu du sol tunisien!

Il a ajouté que *la question serait plus tard mise à l'étude.*

Ce sera sans doute pour le siècle prochain!... Il doit falloir ce temps-là pour trouver des surveillants de plantations!

XI

Les Oliviers et le Régime de l'« achour »

La culture de l'olivier varie selon les régions, ou plutôt suivant la forme que revêt l'impôt; là où règne le *kanoun,* ou taxe par pied d'arbre, les oliviers sont cultivés avec soin, taillés d'une façon logique, arrosés, fumés; là où le Gouvernement perçoit l'*achour,* ou dîme sur les huiles, les olivettes seraient à peu près abandonnées, si les lois du pays n'imposaient aux propriétaires un *minimum* de culture.

Et comme, malgré les prescriptions des décrets, les propriétaires ne donnent pas à leurs plantations le *minimum* de culture, soit qu'ils opposent aux règlements la force d'inertie, soit qu'ils prétextent ne pas avoir d'argent, l'Etat, qui ne percevrait rien s'il n'y avait pas de récolte, s'est trouvé fatalement conduit à se charger *lui-même* de l'entretien des forêts d'oliviers.

Aussi, peut-on dire que la culture des oliviers, dans les pays d'achour, est devenue *une culture d'Etat.*

Les amins font labourer deux fois par an les olivettes, dont le propriétaire ne s'occupe pas; ils font également nettoyer les pieds, couper les rejets ou les broussailles, et voilà tout. Ni fumure, ni arrosage. La taille *officielle* a lieu tous les deux ans; l'amin, qui n'aime pas à faire des avances, s'arrange pour que le bois coupé paye la main-d'œuvre. On ne se sert pas d'échelles pour tailler les oliviers; le bûcheron — il ne mérite pas d'autre nom — a une hache à long manche avec laquelle il abat à tort et à travers les branches qui lui paraissent les plus propres à faire du bois de chauffage. Les principes élémentaires de la taille des arbres sont ignorés ou négligés, si bien que la plupart des oliviers, taillés à contresens, poussent au hasard, manquent d'air et produisent peu.

Après ces travaux sommaires, l'amin attend la récolte, qui arrive, médiocre, tous les trois ans; il n'y a pas, dans les oliviers du nord soumis à l'achour, de récoltes comparables, même de loin, aux récoltes moyennes des oliviers du Sahel ou du sud, qui sont soumis au kanoun.

Et qu'on ne vienne pas nous dire que cette différence dans la production de l'olivier tient à la variété de l'arbre, à la nature du sol, au climat, etc. Non! Nous admettons volontiers que ces conditions exercent une certaine influence, mais la véritable raison de la différence de production, c'est la différence de culture, et la différence de culture tient à la différence d'impôt.

Là où l'indigène est obligé de payer chaque année tant par pied d'arbre, qu'il y ait récolte ou non, il est intéressé à soigner sa plantation et à en tirer le meilleur produit possible; c'est le seul moyen qu'il ait de rendre l'impôt moins lourd.

Là, au contraire, où l'impôt se prélève exclusivement sur la récolte, le propriétaire ne paye rien; aussi, se désintéresse-t-il peu à peu de sa plantation. C'est l'amin qui vend la récolte sur pied; c'est lui qui encaisse le prix de vente, dont il défalque le montant des frais avancés par lui pour la culture sommaire dont nous avons parlé plus haut, et dont il remet le reliquat au propriétaire.

Ce dernier reçoit donc, sans s'être occupé de rien, sans avoir fait aucune avance, sans avoir exécuté aucun travail, le produit net de son olivette. Evidemment, avant de lui parvenir, ce produit net s'est quelque peu réduit en route; mais qu'importe! Cette façon de procéder rentre bien dans le caractère indigène : rien à faire, qu'à encaisser de temps en temps, lorsque Dieu le veut, c'est l'idéal d'un peuple fataliste.

Et voilà pourquoi les oliviers des pays d'achour, recevant des soins insuffisants, produisent rarement — tous les trois ans environ — des récoltes toujours médiocres ! Et voilà comment l'immense richesse que pourraient donner ces quatre ou cinq millions d'oliviers est à peu près perdue, aussi bien pour les particuliers que pour l'État !

J'ai vu, dans la forêt de Soliman, un exemple qui démontre la vérité de ce que je viens d'avancer. Des Européens ont acheté une olivette et ont immédiatement entrepris de la remettre en état ; la taille, bien conduite par des gens du métier, n'a laissé aux arbres que les rameaux utiles ; des fumures et des arrosages, rationnellement opérés, ont donné à ces arbres la force et la vigueur. En quelques mois, toute trace de cette horrible maladie : le noir — que le Directeur de l'Agriculture a, d'ailleurs à tort, déclarée incurable devant la Conférence Consultative — avait disparu ; du haut des collines voisines, cette olivette semblait une tache verdoyante au milieu de la forêt noirâtre ; et tandis que, chez les propriétaires voisins, des arbres de même variété, plantés à la même époque, de même force, ne donnaient rien ou presque rien, elle rapportait une récolte exceptionnelle.

Il est incontestable et à peu près incontesté que le kanoun est un stimulant qui excite le contribuable à poursuivre, par une culture perfectionnée, les gros rendements. Voyez la différence dans la cueillette entre les pays de kanoun et les pays d'achour! Dans les premiers, on cueille avec précaution, de façon à ne pas briser les branches qui doivent produire l'année suivante ; dans les autres, on se sert de gaules et même, malgré la défense de l'Administration, de fléaux : on brise tout. S'il n'y a pas de récolte l'an prochain, le propriétaire ne paiera rien, ni frais de culture, ni impôts : il n'y aura pas de perte pour lui, mais seulement un manque à gagner!

L'exemple que j'ai cité plus haut prouve que, même dans les régions moins favorisées par le climat, les oliviers pourraient donner de très beaux rendements, s'ils étaient mieux soignés et cultivés d'une façon plus rationnelle.

Or, il ne faut pas attendre que l'Arabe, convaincu par le raisonnement et l'expérience, se perfectionne sans y être obligé ; on risquerait d'attendre trop longtemps! Il importe donc de forcer la main aux indigènes, qui nous seront reconnaissants plus tard, lorsqu'ils verront les résultats obtenus, et c'est dans ce but que beaucoup de bons esprits ont demandé l'extension de l'impôt kanoun à tous les oliviers de la Régence.

La Conférence Consultative, malgré l'opposition incompréhensible du Directeur de l'Agriculture, s'est prononcée dans ce sens, à l'unanimité moins une voix; le Directeur des Finances s'était formellement rallié à la manière de voir de la majorité, et on pouvait espérer que la nouvelle réforme ne tarderait pas à être mise à exécution, au moins partiellement, au fur et à mesure des possibilités matérielles, c'est-à-dire du recensement des oliviers en pays d'achour. Mais rien n'a été fait : et on n'a pas voulu renoncer à la fameuse *culture d'État !*

XII

Les Terres à bon marché

Parmi les illusions dangereuses que l'on fait miroiter aux yeux de ceux qui débarquent à Tunis avec l'intention d'y acheter une propriété rurale, figure en première ligne le bas prix des terres. Nous avons déjà dit, en traitant la question de *la petite colonisation,* que la modicité des prix d'achat grisait absolument le Français, habitué chez lui à voir des terres médiocres atteindre des prix relativement très élevés, si on les compare à ceux qui sont proposés par les courtiers de Tunis. Quand il apprend qu'il peut acquérir de vastes domaines à des prix qui varient depuis *cent francs* l'hectare jusqu'à *cent sous,* le nouvel arrivant est affolé; il croit qu'il en sera de même dans toutes les circonstances de la vie pratique, et que *les cailles lui tomberont rôties !*

Seulement, il y a hectares et hectares. Ceux qui se trouvent près des centres de colonisation, qui sont desservis par des voies de communication et qui surtout sont déjà appropriés à la culture, jouissent d'une valeur assez élevée. Aussi, ce n'est pas parmi ce genre de terres, toujours recherchées, même des Arabes, que les courtiers choisissent l'assortiment des propriétés à vendre qu'ils offrent aux nouveaux venus. Ils préfèrent offrir des domaines dont le bon marché exercera une sorte de fascination sur l'acquéreur. C'est pourquoi on leur voit proposer des terres éloignées de tout centre, généralement en friche et couvertes d'épaisses broussailles. Trop souvent, l'acheteur, aveuglé par le prix de l'hectare, ne songe pas à examiner le mauvais côté de la proposition et s'aperçoit ensuite, mais trop tard, que la mise en valeur de ces terres acquises à vil prix sera une cause de dépenses énormes et quelquefois de ruine.

Il regrettera alors d'avoir préféré des broussailles, qui lui auront coûté 20 francs l'hectare, à des terres déjà cultivées et propres, qu'il aurait dû payer 200 francs.

Et, en effet, dans ce dernier cas, il n'avait qu'à se mettre à l'œuvre pour exploiter, tandis qu'il est obligé de perdre des années pour nettoyer le terrain et qu'il devra dépenser des centaines de francs par hectare pour débroussailler, épierrer et défoncer.

Le coût de l'achat de la terre n'est rien alors, en comparaison du coût de la mise en valeur. Tel colon a acheté un domaine à raison de 20 ou 30 francs l'hectare, qui a dû ensuite en dépenser plus de 500 pour enlever les buissons, les racines, les pierres, et pour défricher.

Il est vrai que les courtiers, toujours malins et ingénieux, ont trouvé le moyen de masquer cette situation et de convaincre les clients que l'acquisition des terrains de broussailles constituait toujours une excellente opération. Il faut enlever les broussailles, c'est certain ; mais ils vous diront que ce travail rapporte, au lieu de coûter, et que le produit des broussailles et de leurs racines couvre tous les frais et laisse des bénéfices. Il n'est pas rare que ces balivernes fassent des dupes !

La vérité est bien différente, et le revenu des débroussaillements est un mythe sur lequel on est bien vite édifié. Les racines sorties des défrichements sont inutilisables lorsqu'il s'agit des jujubiers sauvages, dont le bois léger et poreux n'a aucune consistance ; si ce sont des lentisques ou des chênes nains, le produit couvre à peine les frais du transport au marché.

Du reste, si le débroussaillement pouvait rapporter quelque profit, les Arabes, qui aiment le gain immédiat, n'auraient pas manqué, depuis longtemps, de se livrer à une opération aussi facile, puisque la moitié du sol tunisien, peut-être, est couvert de buissons.

Si les indigènes vendent à vil prix leurs terres couvertes de broussailles, c'est qu'ils ont reconnu l'impossibilité d'en tirer parti, à moins d'y dépenser beaucoup d'argent pour en faire des terres de culture.

Qu'on le sache bien, le défrichement ne rapporte rien et entraîne à des dépenses qu'il faut évaluer de 300 à 800 francs l'hectare, suivant l'état du sol et la nature des buissons. En se pénétrant de cette vérité, le nouveau colon se gardera de tout mécompte et saura au moins à quoi s'en tenir sur les conséquences de son acquisition.

CHAPITRE II

CÉRÉALES

I

Le Blé

Le blé est la céréale dont la culture, après celle de l'avoine, est la plus avantageuse. On cultive peu de blé tendre en Tunisie ; quelques rares colons se livrent à cette culture, mais l'Arabe ne sème que du blé dur.

Le prix du blé dur est un peu moins élevé que celui du blé tendre ; son rendement est un peu plus faible. Cependant, dans ce pays, le blé dur présente de sérieux avantages qui doivent le faire préférer des agriculteurs : il craint peu les fourmis et les moineaux ; le sirocco n'a pas d'influence sur lui ; il est moins sujet à verser que le blé tendre, et il ne s'égrène pas en général ; enfin, il est acclimaté. Il faut ajouter encore que le blé dur trouve facilement des acheteurs sur place, tandis que le blé tendre, peu connu dans la pratique commerciale, et n'ayant pas de cours établi en Tunisie, présente des difficultés d'écoulement ; son propriétaire est obligé de l'exporter ou de charger des commissionnaires d'en effectuer la vente.

La Tunisie offre un grand nombre de variétés de blé dur qui s'adaptent aux différents sols du pays. Nous n'en retiendrons que les quatre principaux, dont voici la description sommaire et les aptitudes :

1º Le blé dit *eddeheba* (en or). Paille forte, haute,

résiste à la verse ; épis jaunes fort longs, à barbe noire ; grains excessivement allongés. Convient aux terres argileuses retenant l'eau et situées à une altitude élevée ;

2° L'*ageni* ou *agelli* (les indigènes eux-mêmes ne sont pas d'accord). Paille blanche, courte, fine et forte, résiste à la verse ; épis courts, épais, très fournis ; barbe dont la couleur très noire contraste avec la blancheur de l'épi ; grains ronds, plus légers et moins durs que ceux des autres espèces. Absolument réfractaire à la rouille et à la carie. S'égrène difficilement, par conséquent peut se moissonner par la chaleur ou attendre sans inconvénient. Convient aux terrains argilo-calcaires situés dans les prairies basses et exposées aux brouillards ;

3° Le *souri*. C'est la variété la plus répandue : paille, épis et barbes jaunes, grains longs, d'un jaune d'or, bien nourris. Convient à tous les sols ;

4° L'*amira*. Ne diffère d'aspect du précédent que par la couleur de ses barbes, qui sont noires, et par son grain qui est jaune brun, très dur et très dense. Espèce à très grand rendement ; convient aux sols calcaires, riches en engrais. Malheureusement, redoute la rouille et la carie et s'égrène facilement.

Le blé de Tunisie pèse en moyenne 80 kilos à l'hectolitre. On le sème à raison de 90 à 110 kilos à l'hectare.

En somme, on peut dire que l'ensemble des variétés de blé dur aime les terres compactes et ne craint pas l'humidité. On s'est bien trouvé, en Algérie, d'irriguer les champs de blé, toutes les fois qu'on l'a pu.

Cultivé et semé par les Arabes, le blé ne rapporte guère que 4 à 6 quintaux par hectare. Cultivé par les Européens, il arrive à rapporter, avec des fumures, de 15 à 16 quintaux, mais c'est un maximum, et la bonne moyenne est de 12.

Le blé donne, en paille, un peu plus du double de son poids.

II

L'Orge

Dans un pays où les indigènes ne connaissent pas l'usage de l'avoine, l'orge joue un grand rôle dans l'alimentation des animaux.

Elle est également recherchée par le commerce d'exportation, pour l'usage des brasseries du nord.

Cette graminée aime les terres légères, argilo-siliceuses ou silico-calcaires; elle craint l'humidité et produit davantage dans les années moyennes que dans les années trop pluvieuses.

Il est bon de l'ensemencer dans les terrains en pente, qui s'égouttent facilement.

On doit semer l'orge de bonne heure, pour qu'elle puisse taller. Semée après Noël, elle végète d'une façon mesquine et rend très peu. Si le temps le permet, il vaut mieux terminer ses semailles en novembre.

La quantité de semence est de 110 à 130 kilos à l'hectare, dans les bons terrains.

L'orge rend plus que le blé; il n'est pas rare d'avoir des rendements de 12 à 14 pour un.

Elle pèse, en moyenne, de 60 à 65 kilos à l'hectolitre; elle donne en poids autant de paille que de grains. Cette céréale est sujette à la verse; lorsqu'elle pousse avec trop de vigueur, on a l'habitude d'y faire passer les moutons, avant que les tuyaux soient formés.

L'orge a, dans ce pays, un ennemi terrible; c'est le moineau, qui dévore les grains au moment de leur formation; les dégâts sont tels que, dans le voisinage des eucalyptus de la ligne ferrée de Tunis à Bône, repaires des moineaux, on a dû renoncer à cultiver l'orge.

III

L'Avoine

L'avoine n'est cultivée que par les Européens. Cette culture prend beaucoup d'extension depuis que nous occupons le pays.

Elle réussit sur les défrichements, où son rendement est énorme ; elle ne craint pas les sols pierreux, tuffeux, réputés arides ; enfin, elle ne redoute pas trop la sécheresse.

On peut la semer plus tardivement que l'orge. J'en ai vu qui, semées en janvier, étaient devenues superbes ; cependant, il vaut mieux ensemencer en novembre et décembre.

Les semailles sont de 150 kilos à l'hectare ; l'hectolitre pèse de 45 à 50 kilos.

Il faut se garder de couper l'avoine encore verte, autant que de la moissonner trop tard. Dans le premier cas, on s'expose à des pertes énormes qui peuvent aller jusqu'à diminuer le rendement de moitié ; les hautes températures du mois de juin sèchent la plante, aussitôt qu'elle est détachée du sol ; la maturité ne s'achève pas ; le grain reste maigre et part au vent. Au contraire, une moisson tardive expose à *l'égrenage* et aux déprédations des oiseaux et des fourmis, qui en sont très friands. L'usage des moissonneuses-lieuses, dans les exploitations bien conduites, permet de se tenir toujours entre les deux termes extrêmes.

A cause des fourmis, il faut bien se garder de laisser les javelles sur place ; on doit les rassembler immédiatement en gerbier, le grain en l'air.

L'avoine est d'une bonne réussite. Parmi les céréales, c'est la culture la plus avantageuse ; elle rend en moyenne 14 à 15 quintaux à l'hectare, et, dans des conditions favorables, elle arrive jusqu'à 20 et même 25.

La quantité de paille est à peu près le double du poids du grain.

Fauchée en vert, l'avoine constitue un excellent fourrage.

IV

Observations sur la Culture et les Assolements

Depuis le début de la colonisation, nos agriculteurs se sont surtout appliqués à planter de la vigne : c'est là qu'on a employé des capitaux considérables ; quelques-uns se sont livrés à l'élevage du bétail, et le nombre de ces derniers tend à s'accroître, car nous voyons que c'est de ce côté que se portent les vues des nouveaux arrivants.

Par contre, la culture des céréales et des fourrages artificiels n'est pas en faveur auprès de nos compatriotes. Au début, il est vrai, on avait cru pouvoir faire fructifier les terres en s'entendant avec les *khammès* pour semer l'orge et le blé. On a vite renoncé à ce système, qui n'est avantageux que pour le propriétaire indigène. Les colons européens, ignorants de la langue, des habitudes et des ruses de leurs *khammès,* n'ont pu en tirer parti. Ils ont alors voulu cultiver eux-mêmes ; dans la plupart des cas, le rendement n'a pas couvert les frais élevés de la main-d'œuvre européenne. On a cherché ensuite à augmenter le chiffre de la récolte par l'application des engrais chimiques ; ces essais, trop souvent faits sans discernement et sans une étude approfondie du sol et du climat, ont donné des résultats médiocres ou irréguliers. C'est que, dans ce pays, par suite de la rareté des pluies, l'assimilation des engrais chimiques s'opère dans des conditions défectueuses.

C'est alors qu'on a proclamé que la culture des céréales ne pouvait convenir aux Européens ; cette thèse a été généralement admise et se transmet des vieux colons aux nouveaux.

Il en est résulté que, sauf quelques exceptions, le colon ne fait des céréales que comme culture accessoire, pour les besoins de son exploitation, et loue aux Arabes le surplus de ses terres cultivables ; dans ce dernier cas, l'hectare rapporte en moyenne un prix de location de 10 à 15 fr., suivant la qualité du sol.

Quant aux céréales que les Européens cultivent pour leurs propres besoins, beaucoup d'entre eux m'ont dit que ces grains leur revenaient presque aussi cher que s'ils les achetaient sur le marché. Cela provient de ce que cette culture, sur laquelle ne se porte ni leur attention ni leur esprit d'observation, réservés exclusivement pour la vigne, est faite chez eux suivant la pratique primitive des Arabes, avec assolement biennal, c'est-à-dire un an de céréales et un an de jachère. Il en résulte que leurs terres arrivent à être empoisonnées d'herbes parasites : chardons, marguerites, mourons, ravenelles, anis et carottes sauvages, etc. C'est ainsi que nous avons vu, dans un sol excellent, récolter une partie de blé pour quatre parties de marguerites !

Il n'est pas étonnant qu'avec d'aussi pauvres résultats la culture des céréales soit tombée dans une défaveur à peu près complète.

Aussi, dans des lettres qui ont fait grand bruit en France et dans la colonie, on a pu dire :

Le mal de l'Algérie, c'est l'état barbare de son agriculture, son assolement arriéré et misérable, l'insuffisante variété de ses cultures.

C'est sévère, mais juste, et cette accusation est bien faite pour faire ouvrir les yeux aux intéressés et les lancer dans la voie des recherches.

Cependant, quelques agriculteurs de France, devenus colons, habitués par conséquent dans leur pays d'origine aux rotations régulières des différentes cultures, ont vite reconnu la défectuosité de l'assolement biennal en usage parmi les indigènes. Après quelques années d'essais, ils se sont arrêtés à un choix de succession de cultures qui, sans avoir la prétention de résoudre définitivement cette question, appelée à rester encore longtemps ouverte, pourront néanmoins servir de base aux études futures.

Ces exemples, heureusement, démontrent qu'une culture raisonnée des céréales peut être une source de bénéfices qui ne sont pas à dédaigner.

C'est par l'étude des assolements et des fumures, questions malheureusement trop négligées, qu'on arrivera à établir un système cultural qui sera profitable.

Le colon doit aussi étudier avec soin la composition physique de son sol, les exigences des diverses plantes qu'il voudra cultiver.

C'est alors seulement qu'il pourra combiner la succession rationnelle de ses semailles, en se plaçant non seulement au point de vue chimique, mais aussi au point de vue cultural; c'est-à-dire qu'il devra faire alterner les légumineuses avec les graminées, car les secondes salissent le sol et consomment de l'acide phosphorique, tandis que les premières fixent l'azote et nettoient le terrain, par suite des binages et de leur coupe *en vert,* avant que les mauvaises herbes aient pu grener.

Les labours de printemps et d'été sont surtout à prescrire, car il est reconnu que l'ameublissement des terres, au moment des chaleurs et avant les premières pluies d'automne, favorise la nitrification due aux éléments atmosphériques; c'est cette action fertilisatrice que Nesbit, le grand vulgarisateur de la chimie agricole, exposait en ces termes :

« Partout où le sol est convenablement poreux et ex-
« posé à l'air, on a non seulement l'action propre des
« matériaux qu'il contient, l'ammoniaque se brûlant et
« donnant lieu à la formation d'acide nitrique, mais on

« a encore une absorption continuelle de ces éléments
« puisés dans l'air. Toute nitrière donne lieu à une pro-
« duction d'azote plus grande que la quantité contenue
« dans les matériaux qui concourent à former cette ma-
« tière, ce qui prouve évidemment qu'il y a absorption
« de l'azote de l'air. »

Il faut encore avoir soin de ne pas semer les céréales
sur les fumures fraîches, car les orges ou les blés, sans
profiter entièrement de la fumure, incomplètement assi-
milée la première année, seraient exposés à *verser*.

Enfin, la rotation des cultures doit être espacée de
manière qu'il y ait entre la récolte d'une plante et la
semaille suivante un intervalle suffisant.

*
* *

C'est d'après ces principes qu'un colon des environs
de Tunis, M. Bourdier, à Teboltech, a établi son système
cultural; c'est un des rares cultivateurs qui aient étudié
le système si important des assolements; c'est aussi un
des rares qui cultivent avec bénéfice.

Son exemple est donc à citer.

Comme dans la plupart des domaines de Tunisie, il
trouve facilement à s'approvisionner, dans les *douars*
du voisinage, de fumiers d'animaux; il en répand sur ses
terres cinquante à soixante mètres cubes par hectare,
tous les quatre ans.

Son domaine se compose de deux natures de terrain :
l'un silico-calcaire, avec peroxyde de fer (terres légères);
l'autre argilo-calcaire, avec prédominance d'argile (terres compactes).

Son assolement porte sur une période de quatre ans.

Dans les terres légères, il est établi comme suit :

Première année, fumure, fèves;

Deuxième année, blé :

Troisième année, fourrages, vesce et avoine, halba

ou moutarde blanche. Ce dernier fourrage a l'avantage d'être très hâtif ;

Quatrième année, avoine ou orge.

Dans les terres argileuses, M. Bourdier remplace les fèves par la jachère et l'orge par le blé ; il fume à l'automne, fait pâturer l'hiver et laboure au printemps.

Immédiatement après la moisson de ses céréales ou l'enlèvement des fourrages, il donne un coup de déchaumage à l'aide du trisoc et laboure ensuite à une profondeur de 15 à 18 centimètres. Le déchaumage a pour effet de diviser les terres et d'empêcher la formation des mottes trop grosses au moment du labour.

Tout ce travail est terminé avant le 15 août. Aux premières pluies sérieuses d'octobre ou de novembre, il sème *sur crête,* en recouvrant l'orge et l'avoine avec une forte herse et le blé avec le trisoc.

La moyenne des récoltes depuis 1889 à ce jour, malgré les sécheresses de ces dernières années, a été :

En orge, de seize pour un ;

En blé, de douze pour un ;

En avoine, de dix-neuf pour un.

Il est à remarquer que, par les fumures et les labours profonds de l'été, les terres restent meubles, absorbent toutes les pluies et gardent assez d'humidité pour que les céréales résistent aux années de sécheresse.

D'autre part, avec sa fumure de cinquante à soixante mètres cubes à l'hectare, M. Bourdier apporte au sol, pour quatre ans, une moyenne de :

    120 kilos d'azote,

     60 — d'acide phosphorique,

    150 — de potasse.

Les première et troisième soles, qui sont fourragères, n'enlèvent rien au sol et augmentent au contraire sa provision d'azote d'au moins 60 kilos, qu'elles empruntent à l'air.

Les soles de seconde et quatrième année, **composées**

de blé, orge ou avoine, enlèvent en moyenne, d'après les rendements qui précèdent :

Azote, 160 kilos ; acide phosphorique, 50 kilos ; potasse, 125 kilos.

Ainsi, la terre, loin de s'appauvrir, s'est enrichie et permet d'espérer un accroissement de récolte lorsque l'année sera favorable.

Dans les conditions que nous venons d'exposer, le revenu *net* de M. Bourdier a varié entre 60 et 80 francs par hectare, soit en moyenne 70 francs.

*
* *

Nous citerons aussi l'assolement d'un colon de la vallée de la Medjerdah qui se livre exclusivement à la culture des céréales et à l'élevage, et dont l'exemple est d'autant plus à citer qu'au lieu d'acheter ses fumiers, il les produit lui-même.

Le domaine de Toungar, appartenant à M. Trouillet, mon collègue à la Chambre d'Agriculture, est divisé en quatre soles comprenant :

Première année, jachère verte ;

Deuxième année, blé ;

Troisième année, avoine et orge ;

Quatrième année, fourrage et pâturage.

La première sole est fumée à raison de 25,000 kilos de fumier à l'hectare, répandu en janvier, février et mars.

Elle reçoit les labours appropriés pour donner, sur le premier quart de la surface, une *récolte de lin* ; sur le deuxième quart, une récolte de pois chiches et de maïs ; sur le troisième quart, une récolte de maïs-fourrage. A ce moment, la saison est trop avancée pour pouvoir utilement exécuter des semailles, et le quatrième quart reçoit simplement la même fumure que les précédents et un labour qui assurera la réussite du blé qui doit suivre.

Les cultures précitées, faites sur les trois quarts de la surface de cette sole, sont étouffantes et sarclées, et laissent un sol absolument propre pour la semaille de blé à faire l'automne suivant.

Les deuxième et troisième soles fournissent largement la quantité de paille nécessaire à la fabrication du fumier.

La quatrième sole produit, sur une portion de sa surface, les fourrages nécessaires aux bêtes de trait et de vente, le reste étant livré au pâturage de printemps, pendant que les deuxième et troisième soles sont encore couvertes de leurs récoltes.

Sur les coteaux formés de terrains légers qui, à la fin du printemps, se dessèchent facilement, M. Trouillet a modifié son assolement, qui reste encore quadriennal et comprend :

Première année, fèves, fumure ;

Deuxième année, avoine ;

Troisième année, pâturage ;

Quatrième année, avoine.

Cette rotation, établie sur 200 hectares, permet, avec l'aide du pâturage en montagnes et des prairies naturelles qui existent sur le domaine, d'entretenir 180 têtes de gros bétail, ou l'équivalent.

J'ai l'assurance que, conduite dans ces conditions, l'exploitation du domaine de Toungar laisse des bénéfices à son propriétaire.

On voit par là que la grande culture, en Tunisie, peut donner de bons résultats, même avec les années de sécheresse ; il suffit pour cela d'étudier avec soin son affaire, de profiter des observations déjà faites et de ne pas accepter, sans les vérifier préalablement, les théories pessimistes qui émanent d'agriculteurs aigris ou découragés.

*
*
* *

Nous recommandons, à ce sujet, la lecture de la *Petite Revue agricole de Bône*.

Elle est intéressante, en effet, par ses renseignements pratiques et par son esprit d'observation.

Un de ses derniers numéros contient, sur *la culture des céréales et les mauvaises années,* une étude qui est marquée au coin du bon sens.

L'auteur regrette, tout d'abord, que la culture des céréales, qui est, entre toutes, la plus répandue et la plus importante de l'Algérie et de la Tunisie, soit celle qu'on pratique avec le moins d'attention et de soins.

Tandis que le colon emploie tous ses efforts et toute son intelligence à l'entretien de sa vigne, qu'il laboure, taille et fume avec un soin jaloux, le même cultivateur se livre à la culture du blé et de l'orge d'une façon primitive et superficielle.

C'est seulement pour son vignoble qu'il cherchera à perfectionner la culture et à obtenir des rendements rémunérateurs. On peut même dire que le colon européen a, peu à peu, délaissé la culture des céréales et l'a abandonnée au métayage inintelligent des indigènes. Dans ces conditions, la culture ne donne que rarement des bénéfices. Si l'année a été mauvaise, c'est-à-dire si les pluies ne sont pas tombées en temps voulu, la récolte est insuffisante; si les pluies sont venues à temps à l'automne, si elles ont été suffisantes en hiver et au printemps, le colon ne récoltera guère plus, car les khammès se chargent, par leurs vols effrontés, de diminuer la récolte de manière à faire ressembler les années bonnes aux années mauvaises.

La culture, lorsqu'elle est par exception faite par les colons, n'est guère meilleure.

Ils sont bien rares ceux qui étudient la question si importante des jachères et des assolements, qui pratiquent les labours de printemps, qui s'occupent du choix judicieux des semences, de leur sulfatage, des fumures qui conservent l'humidité, fécondent le sol et jouent un si grand rôle dans l'agriculture, du hersage des blés dès qu'ils ont levé et du roulage qui brise les mottes et fait taller la plante !

Ces améliorations et ces soins prémuniraient le colon contre les mauvaises années et lui assureraient en tout temps une récolte rémunératrice.

L'article de *la Revue* conclut ainsi :

« Tant qu'une partie de nos colons algériens n'apporteront pas plus de soins à cultiver les grains, tant qu'on n'observera pas mieux les causes dépendantes des bonnes et des mauvaises récoltes, la culture des céréales ne donnera que rarement des résultats satisfaisants et, *quatre années sur six*, elle n'apportera que peu de bénéfices à ceux qui s'en occupent. »

Les indigènes malheureux continueront à mendier, à demander du pain, en alléguant pour excuse que *l'année a été mauvaise;* les fermiers ne pourront pas payer leur loyer parce que *l'année aura été mauvaise*, et le Gouvernement sera obligé de faire des prêts de semences aux cultivateurs endettés et ruinés parce que *plusieurs années de suite auront été mauvaises.*

Heureusement que quelques colons sont en train de démontrer que la culture des céréales, bien comprise et bien soignée, peut donner des résultats. Leur exemple commence à attirer l'attention de leurs voisins. Aujourd'hui, du reste, les colons comprennent les dangers de se livrer à la monoculture de la vigne, en voyant les difficultés sans cesse croissantes pour vendre leur vin; ils cherchent maintenant à tirer parti des autres cultures possibles en Tunisie, parmi lesquelles les céréales jouent un si grand rôle.

Dans cette voie, ils seront vite amenés à donner à ces cultures tous les soins et tout le développement qu'elles comportent.

*
***

En France, malgré les tarifs protecteurs, le blé coûte plus qu'il ne rapporte à ceux qui le cultivent. Les blés indigènes ne peuvent pas lutter contre les blés d'Amérique ou de l'Inde, qui sont produits à un bon marché inconnu en Europe. Dans ces pays nouveaux, tout concourt à une production économique : la main-d'œuvre y est pour rien, le sol n'est pas encore appauvri, les impôts sont presque nuls.

Les journaux agricoles de France, cherchant à sauver la culture des céréales, recommandent de limiter la culture du blé aux meilleures terres, car le blé est une plante exigeante qui ne donne de bons résultats que sur des terres suffisamment riches ou fertilisées de longue date et entretenues en bon état par des fumures bien comprises. Comme le dit très bien *le Réveil agricole,* de Marseille, les sols appauvris, malgré les engrais et le travail, demeurent pendant assez longtemps des sols à faible rendement.

C'est ce qu'ont compris depuis longtemps les Anglais, qui consacrent aux céréales leurs meilleures terres, laissant les autres en pâturages ou en cultures peu exigeantes.

Le Réveil agricole, qui se publie dans une région dont le sol a beaucoup d'analogie avec celui de la Tunisie, recommande également à ceux de ses lecteurs qui cultivent le blé de réserver à cette culture leurs meilleures terres, et, afin de ne pas les appauvrir, d'associer au fumier de ferme un engrais complémentaire composé de :

> 200 à 400 kilos de superphosphates,
> 50 à 100 — de chlorure de patassium,
> 40 à 150 — de nitrate de soude.

Mais il recommande aussi de n'appliquer ces formules qu'à des terres déjà suffisamment riches en humus, *car, nous ne saurions trop le répéter, les engrais chimiques ne produisent d'effet que sur un sol riche en matières organiques*, c'est-à-dire en *humus*. Sur les terres calcaires sèches, qui en Tunisie occupent de si grandes surfaces, les engrais chimiques employés seuls sont distribués en pure perte.

Et, en somme, il convient de s'en tenir à la doctrine qui vient encore une fois de triompher au Congrès de Montpellier et qui condamne l'emploi exclusif des engrais minéraux ; la pratique a reconnu qu'ils ne sauraient donner de bons résultats qu'en les associant aux fumiers de ferme. En suivant cet avis, nos agriculteurs s'épargneront des dépenses d'engrais coûteuses et inutiles.

V

Labourage à la vapeur

Il existe près de Medjez-el-Bab un immense domaine dont le propriétaire, M. Dumont, veut pratiquer le métayage avec les paysans du midi de la France ; nous ne connaissons encore qu'un exemple de ce système, dans le Cap Bon, où il a réussi grâce aux excellentes qualités du métayer.

Les terres de culture de M. Dumont comprennent plusieurs milliers d'hectares. Dans ces conditions, il était tout naturel qu'il eût l'idée d'y appliquer les méthodes américaines et les machines à grand travail ; il y a trouvé l'économie, la rapidité de l'exécution et la perfection de la culture.

Le régisseur de ce domaine, M. Trouche, a donné un grand développement à la culture des céréales et des fourrages ; il laboure à la vapeur au moyen de deux machines de 40 chevaux qui se renvoient successivement un câble de 500 mètres de long, auquel sont attelés les instruments de travail : extirpateurs, fouilleurs, charrues à cinq socs et herses.

Les labours commencent au printemps et finissent dans l'été; les machines permettent de faire quatre hectares par jour.

Les dépenses journalières sont :

Deux mécaniciens à 6 francs..........Fr.	12	»
Un conducteur de charrue................	3	»
Une tonne de charbon....................	40	»
Réparations, graissage et amortissement....	35	»
Imprévu	10	»
Total.....Fr.	100	»

Les labours reviennent donc à 25 francs par hectare; en travaillant avec les mulets, M. Trouche dépenserait davantage.

Il est vrai que ces installations ne peuvent convenir qu'à de grandes exploitations, car l'achat des machines représente un capital considérable, et il faut avoir de grandes surfaces pour en tirer parti. Mais les grands domaines ne manquent pas en Tunisie, pour ne citer que l'Enfida, Schuiggui, Utique, Sidi-Tabet, etc. Leurs propriétaires feraient bien de prendre exemple sur M. Dumont; ils cultiveraient mieux et à moins de frais.

VI

Choix et Préparation des Semences

M. Ryf, l'éminent agriculteur de Sétif, qui s'occupe depuis longtemps de la culture des céréales, consigne dans *le Fellah* le résultat intéressant de ses essais comparatifs de blés exotiques et indigènes. Il conclut en faveur de l'emploi exclusif des variétés indigènes de céréales sélectionnées et surtout sulfatées; il a constaté que la pratique du sulfatage des semences augmente la production de 10 à 15 %. Cette préparation simple et peu coûteuse devrait être partout en usage.

M. Ryf ajoute que les semailles sur labour de printemps rendent très rares les récoltes médiocres. C'est ce que nous avons établi plus haut.

Parmi les blés qui avaient obtenu chez M. Ryf les plus forts rendements, figure en première ligne le blé de Tunisie.

M. Ryf a renoncé depuis longtemps à l'emploi des variétés de blés d'Europe; il ne cultive que les espèces indigènes. Puisse son exemple éviter à nos compatriotes des essais inutiles de céréales exotiques!

Trop souvent les Français, lorsqu'ils arrivent dans des pays nouveaux, veulent y importer les méthodes, les usages et les plantes de chez eux. Chaque climat a ses exigences particulières, auxquelles on ne saurait se soustraire, et il faut bien être persuadé que dans tout ce qui se fait dans un pays il y a une raison d'être; le plus sage est d'étudier les procédés indigènes, sans parti pris à l'avance; après étude, on pourra les améliorer ou les modifier. Cela ne veut pas dire qu'il faille renoncer à faire des essais de cultures nouvelles; il sera seulement prudent de faire ces essais en petit et d'attendre les résultats avant de se lancer avec l'ardeur qui caractérise notre race.

*
* *

Au sujet des semences, nous rappelons à nos lecteurs que la récolte dépend en partie du choix et de la préparation des graines. Ce n'est pas tout de sélectionner les semences, d'éliminer les grains de petite taille ou incomplètement mûrs, de cribler avec soin, il faut aussi préserver la semence de la carie ou du charbon qui causent si souvent des dégâts.

Le meilleur procédé est d'employer le sulfate de cuivre, soit par aspersion, soit par immersion, dans la proportion de deux kilos de sulfate de cuivre pour cent litres d'eau.

On recommande, dans le cas où la semence préparée ne peut être mise en terre le lendemain, de la remuer plusieurs fois par jour, afin d'éviter l'échauffement.

*
* *

Il est encore une recommandation dont les agriculteurs devront tenir compte : les céréales (de même pour toutes les plantes sarclées) finissent par s'abâtardir lorsqu'elles sont toujours prises dans les grains de la précédente récolte et semées dans les mêmes terrains. Il est absolument nécessaire de renouveler ses semences tous les deux ou trois ans ; c'est une des conditions d'une bonne récolte.

On a également remarqué que les céréales, surtout les blés, qui poussaient en coteaux, dans des terrains d'une fertilité moyenne, étaient bien meilleures pour la reproduction que celles qui avaient été récoltées dans un sol très fécond. C'est un fait connu depuis longtemps.

CHAPITRE III

CULTURES FOURRAGÈRES ET ALIMENTATION DU BÉTAIL BÉTAIL

I

CULTURES FOURRAGÈRES

Sommaire : Nécessité de faire des réserves de Paille et de Fourrage.
— Feuilles de Vigne. — Feuilles d'Olivier. — Feuilles d'Arbousier. — Figues de Barbarie. — Sulla. — Etablissement d'une
Prairie artificielle. — Un Fourrage étonnant. — Vesces et
Avoine. — Fourrages d'Été. — Plantes à racines. — Emploi du
Plâtre. — Incendie des Broussailles. — Confection des Meules
de Fourrages.

I

Nécessité de faire des réserves de Paille et de Fourrage

Lorsque la sécheresse persiste à la fin de l'été, c'est
surtout pour le bétail que la situation est cruelle; il n'y
a plus d'herbe depuis longtemps; les sources et les puits
tarissent; la paille et le foin deviennent introuvables; les
bêtes sont à vil prix sur les marchés et ne trouvent aucun
acheteur, car la difficulté de les nourrir éloigne toute
idée d'acquisition.

Cette situation pèse aussi lourdement sur les Européens qui se livrent, soit à l'élevage, soit à l'engraissement, en comptant uniquement sur leurs terres de parcours, sans s'assurer des provisions de foin et de paille.

Depuis que le prix du vin diminue de plus en plus
chaque année, nos compatriotes, et surtout les nouveaux

arrivés, ont porté leurs vues sur l'élevage ou l'engraissement du bétail. On leur a dit si souvent que ces opérations étaient fructueuses à brève échéance et que le capital doublait quelquefois dans une année, que beaucoup de nos nouveaux colons se sont lancés dans cette voie. Mais ce pays est trompeur, et les mauvaises années renversent tous les calculs. Malheureusement, les Français décidés à s'établir dans le pays viennent le visiter en hiver; à ce moment, tout est vert; il y a de l'herbe partout, et l'on est séduit par l'aspect réjouissant que présentent des prairies en janvier, alors qu'en France toute végétation a disparu sous les neiges ou les frimas. C'est ainsi que beaucoup d'entre nous s'engagent dans le rude sentier de la colonisation, avec des illusions qu'ils sèment ensuite sur leur route.

Evidemment, le bétail est une des opérations qui peuvent le mieux convenir à notre colonisation; mais il ne faut pas s'y engager à la légère, sur la foi d'agriculteurs en chambre qui, sur les marbres des cafés, établissent des comptes fantaisistes et donnent l'assurance d'une fortune rapide au moyen de l'élevage.

Celui qui veut faire du bétail, en sus des connaissances spéciales qu'il doit posséder s'il ne veut pas être exploité par les courtiers, les vendeurs et les acheteurs, doit surtout s'assurer de la nourriture de ses bêtes et se prémunir, par des provisions de foin et de paille, contre la sécheresse toujours à craindre.

C'est là une condition absolue pour avoir des chances de réussite.

Beaucoup de novices, à qui l'on a raconté toutes sortes de légendes sur les richesses de la Tunisie, se figurent que lorsque l'on a acheté de grandes terres de parcours, on n'a plus à s'inquiéter de la nourriture des animaux.

C'est là une erreur très grave, contre laquelle nous ne saurions trop nous élever. Pendant les années sèches — et elles sont fréquentes, malheureusement — les terres de parcours, à part quelques régions privilégiées, n'ont plus rien depuis six mois ; tout est brûlé, sec, aride, et alors que voyons-nous? Ceux qui avaient acheté des bêtes pour l'engraissement sont forcés de les revendre à moitié prix, sous peine de les voir crever de faim.

Le colon prévoyant doit, au contraire, profiter des années d'abondance pendant lesquelles les fourrages et les pailles sont offerts à vil prix pour en acheter, de manière à avoir toujours une avance de deux ans et même trois, s'il le peut, destinée à la nourriture des animaux qu'il a l'intention d'entretenir sur sa propriété; et lorsque cette réserve sera faite, il pourra marcher sans inquiétude; il aura assuré son opération et n'aura rien à redouter des sécheresses qui pourront survenir et pour lesquelles il gardera avec soin ses provisions de fourrage, n'y touchant que lorsqu'il ne pourra pas faire autrement.

Quand on pense que nous voyons de grands domaines se démunir de leurs pailles et de leurs fourrages pour les vendre à vil prix pendant les années de bonnes récoltes, et être quelquefois forcés, l'année suivante, d'en acheter au triple et au quadruple du prix auquel ils ont vendu!

Nous connaissons des colons qui, il y a deux ans, vendaient la paille 1 fr. 50 le quintal et qui en ont acheté l'année suivante à 8 et 10 francs.

Un colon ne devrait jamais vendre sa paille : il la retrouvera pendant les années de mauvaise récolte; au besoin, il en fera du fumier.

Il en est de même pour les fourrages : gardez-les, et lorsque les Arabes seront forcés, faute de nourriture, de vendre leurs animaux à tout prix, vous pourrez alors acheter des bêtes avec assurance. Vous serez certain de faire une opération fructueuse. Vous n'en ferez jamais de bonnes sur le bétail si vous n'avez pas des réserves de foin et de paille.

II

Alimentation avec les Feuilles de Vigne

Les journaux agricoles se sont occupés, avec juste raison, de la communication faite récemment à l'Académie des Sciences, par M. Muntz, au sujet de la consommation des feuilles de vigne par les animaux domestiques, qui peut être d'un grand secours dans le cas où les fourrages font défaut.

L'emploi des feuilles de vigne comme alimentation du bétail offrira une ressource précieuse, surtout lorsqu'on envisagera que deux millions d'hectares sont, en France, complantés en vignes; on voit quelle quantité considérable de matière nutritive pourrait procurer l'utilisation de ce feuillage.

Sur quelques points du midi de la France, de l'Algérie et de la Tunisie, les propriétaires laissent brouter leurs vignes par des troupeaux de moutons; mais cet usage est peu répandu encore, à cause de la crainte que beaucoup ont de voir le vignoble, ou le troupeau, en éprouver des dommages. Il est aujourd'hui démontré que, malgré les applications cupriques, les feuilles n'offrent aucun danger d'intoxication pour les animaux.

D'autre part, comme dans nos régions l'aoutage du bois a lieu de très bonne heure, on peut, sans inconvénient pour les sarments, cueillir les feuilles dès que la vendange des grappillons est faite, c'est-à-dire à partir du 15 octobre; à ce moment, la maturité du bois est faite.

Il est également certain que, malgré l'enlèvement du feuillage, les vignes des pays chauds restent aussi vigoureuses et productives que si l'effeuillement n'avait pas eu lieu.

Ainsi que l'annonce M. Muntz, ces feuilles peuvent être consommées fraîches ou fanées, ou mises en ensilage.

L'analyse chimique démontre que la feuille de la vigne est aussi riche en principes nutritifs que le meilleur foin, et peut être donnée en poids égal aux animaux.

L'hectare de vigne, dans nos régions, donne un poids de feuilles représentant 300 kilos; comme la Tunisie possède 6.000 hectares de vignes de cinq à huit ans, c'est donc une quantité de 180.000 quintaux métriques de fourrages utilisables.

Pour rassurer, par un exemple décisif, les viticulteurs qui craindraient que l'enlèvement des feuilles ne fatigue la vigne, nous rappellerons qu'en Algérie, et surtout dans les environs de Bône, les propriétaires taillassent leurs vignes au mois d'octobre, de manière à pouvoir passer les charrues dès que la vendange des grappillons a eu lieu.

Cette première taille en vert n'offre aucun inconvénient, car si une reprise de la végétation se produisait, elle aurait lieu par les bourgeons les plus élevés, qui seront plus tard enlevés au moment de la seconde taille définitive. Il est bien entendu que la taille définitive ne peut avoir lieu en octobre, car on pourrait dans ce cas perdre des bourgeons fructifères, s'il y avait reprise de la végétation par suite de chaleurs tardives.

III

Feuilles d'Olivier

Mais nous n'avons pas que la vigne pour obvier aux inconvénients de la disette actuelle des fourrages; il est une autre richesse bien plus considérable qui reste perdue : la feuille de l'olivier, séchée, est encore plus nourrissante que la feuille de vigne ; on le sait bien en Provence, où les feuilles provenant de la taille de l'olivier sont recueillies avec le plus grand soin.

La race ovine, notamment, s'en montre très friande. Pendant les derniers mois de l'été et pendant l'hiver, alors que l'herbe disparaît, les moutons de la Crau en sont presque exclusivement nourris.

Cet essai a été fait pendant ces dernières années, au domaine de Bordj-Cédria, et ce mode d'alimentation a été bien utile pour subvenir aux besoins du troupeau pendant les mois critiques.

Si l'on songe aux millions d'oliviers que possède la Tunisie, on voit qu'il y a là une source de revenus dont on pourra tirer parti, soit pour la consommation locale, soit pour l'exportation.

Les ouvrages d'agriculture sont généralement muets sur l'utilisation de la feuille de l'olivier, sèche ; ce n'est que dans l'encyclopédie de Moll et Gayot, à l'article OLIVIER, que nous avons trouvé la note suivante : « Son feuillage le fait rechercher par tous les animaux ruminants ; les bergers ne manquent pas, lors de l'élagage des oliviers, d'acheter le feuillage pour en nourrir les chèvres et brebis. »

Nous croyons donc être utile en signalant à nos lecteurs la manière d'utiliser une ressource jusqu'ici inexploitée en Tunisie.

La manière de faire sécher les feuilles d'oliviers est très simple : après la taille, les branches coupées sont mises en tas, où elles restent jusqu'au mois d'août, recevant la pluie et le soleil. A ce moment, les feuilles sont complètement sèches et se détachent d'elles-mêmes ; on les recueille et on les met en sacs.

IV

Feuilles d'Arbousier

Dans son *Bulletin colonial franco-tunisien*, M. Paulard signale les qualités fourragères de l'arbousier.

Comme cet arbuste pousse naturellement au milieu des broussailles qui couvrent nos montagnes, nous citons en entier le passage qui a été publié à la suite d'une excursion en Corse :

« M. Lang, directeur de vastes domaines, avait remarqué dès longtemps que les animaux, chevaux ou vaches, quand ils passaient dans un maquis, s'arrêtaient, au risque de gêner fort le cavalier ou le conducteur, pour saisir une poignée de feuilles *sèches* d'arbousier. Cet instinct, non trompeur évidemment, décelait quelque chose, et la déduction s'imposait d'elle-même. Il paraît que les bêtes ne veulent jamais toucher à la feuille verte, à cause de son amertume. C'était là une ingénieuse trouvaille, pour la Corse surtout, où le fourrage est rare, tandis que les arbousiers abondent sur un quart des 300.000 hectares du littoral. Chaque hectare donnerait, en moyenne, 2.000 kilos de feuilles sèches.

« Donc, depuis un an le directeur a fait distribuer à son cheptel une ration de cette substance alimentaire, associée aux feuilles de cactus *(figuier de Barbarie — semelle du Pape)* qui contiennent 95 % d'eau. En variant avec 2 kilos de tourteau et en arrosant d'un peu d'eau salée, l'on a sollicité de suite l'appétit des animaux. Les faits sont concluants. Les chevaux, dès le deuxième jour, ont préféré la feuille d'arbousier, même au foin ordinaire. Un taureau de vingt-deux mois a failli périr de pléthore, tant ce nouveau fourrage l'avait poussé au sang et à la graisse.

« Les feuilles seront recueillies sèches en coupant à la faucille les extrémités des rameaux. Si on les coupe vertes, on les fera sécher au soleil sur d'immenses hangars à toit plat, où elles perdront de leur poids 60 %.

« Voici, d'après MM. Grandeau et Bousingault, quelle est la composition de la feuille de l'arbousier comparée au foin :

	Feuilles d'arbousier	Foin
Eau	10 20	13 60
Matières azotées	7 87	7 20
— amylacées...........	62 89	44 20
— grasses.............	3 70	3 80
— minérales	3 74	7 60
— ligneuses...........	12 60	24 20
	100 »	100 »

Ce que dit M. Paulard de l'arbousier nous rappelle l'emploi des feuilles sèches d'olivier, que nous avons du reste signalé plus haut.

En Provence, ces feuilles d'olivier servent, à peu prés exclusivement, à nourrir les moutons pendant l'hiver. Sur les marchés d'Arles et de Salon, on les paye de 4 à 5 francs les 100 kilos. C'est un aliment sain et nourrissant, qui est très apprécié de la race ovine.

Quand on pense aux quantités énormes de feuilles perdues après la taille des oliviers, on ne peut s'empêcher de regretter que l'on néglige ainsi un élément précieux pour la nourriture du bétail; les Arabes, pour ne pas s'embarrasser d'un produit dont ils ne connaissent pas l'utilité, coupent les brindilles d'oliviers et les brûlent sur place, afin de n'emporter au marché que les fortes branches; mieux instruits, ils recueilleraient les feuilles avec soin pour avoir des provisions d'un fourrage excellent.

V

Figuier de Barbarie

Puisque nous sommes sur la question de l'alimentation du bétail, il convient de faire connaître à nos lecteurs une ressource encore peu connue et qui cependant peut être propagée partout et à bon marché.

Nous voulons parler du fruit du figuier de Barbarie sans épines.

La raquette de ce cactus est déjà utilisée en Algérie, et ce produit a rendu, pendant l'été dernier, de grands services au bétail algérien ; nous avons vu dans les journaux de Bône et de Constantine que les colons avaient été très satisfaits d'un mélange de paille et de raquettes de figuiers.

Seulement, la cueillette des raquettes présente un grave inconvénient : elle nuit à la plante et amène le dépérissement des plantations.

C'est le fruit qu'il faut donner aux animaux ; la figue constitue un aliment de premier ordre dont les bêtes sont très friandes ; l'analyse a démontré que 304 kilos de figues équivalent à 100 kilos de foin sec.

Il paraît, d'après les renseignements recueillis par M. Bourde, qu'un hectare de figuiers de Barbarie peut donner une production de 20.000 kilos de fruits. Ce rendement nous paraît être une exception, et nous croyons qu'il serait imprudent de compter sur un chiffre pareil.

La plantation du cactus est tout ce qu'il y a de plus simple et de moins coûteux ; les indigènes tirent un alignement au trait de charrue et plantent les raquettes à la distance de 0^{m}40 l'une de l'autre. Ils choisissent des raquettes qui ont deux rejetons et qu'on a laissé flétrir pendant une quinzaine de jours. Ces raquettes sont plantées à peu de profondeur ; l'Arabe donne un coup de pioche, y met la raquette de cactus, et ramène la terre en talus de chaque côté. Il est essentiel de remplir de fumier le trou dans lequel on dresse la feuille plantée.

Le figuier de Barbarie pousse partout, mais de préférence dans les terres légères ; il craint les bas-fonds humides et réussit très bien dans les terrains secs.

La plantation, une fois faite, ne demande quelques soins que pendant les deux ou trois premières années ; il convient, jusqu'à ce que la plante ait grandi, d'enlever les mauvaises herbes. L'entretien est absolument nul ensuite et ne nécessite aucune dépense en dehors des frais de cueillette.

Au dire des indigènes, les plantations rapportent au bout de quatre années et durent cinquante ans.

Ce qui rend cette plante d'autant plus intéressante, c'est qu'elle donne son fruit de juillet à novembre, pendant les mois où l'herbe fait absolument défaut en dehors des terres irriguées, et l'on sait si ces dernières sont rares en Tunisie!

Cette plante présente cependant un inconvénient : le ramassage des fruits est long et coûteux.

En Algérie, pendant la disette des fourrages, les figuiers de Barbarie sans épines ont été une ressource précieuse.

On prétend qu'une ration composée de 75 kilos de paille et 75 kilos de raquettes de figuier coupées en tranches équivaut pour le bétail à 80 kilos de fourrage.

Pour la production laitière, on peut avantageusement, pendant l'été, remplacer le son par la raquette de figuier de Barbarie.

On remarque que les Maltais, qui font beaucoup de bétail et surtout du porc, s'adonnent depuis quelque temps à la plantation du figuier de Barbarie sans épines, dont le fruit est également dépourvu de duvet épineux; ils en plantent beaucoup dans les environs de Tunis.

Nos compatriotes qui se livrent à l'élevage feront bien de prendre modèle sur eux, et nous espérons qu'ils ne négligeront pas cette culture, qui est une grande ressource pour le sud tunisien.

VI

Sulla (sainfoin d'Espagne)

Nous avons lu dans un rapport de M. Ryf, l'agriculteur bien connu, au Comice agricole de Sétif, que des cultures de sulla *(Hedysarum coronarium)* avaient fourni, à la seconde année, 400 quintaux de fourrage vert par hectare, et qu'après dessication le produit avait été de 110 quintaux de foin.

Verte ou sèche, cette légumineuse constitue une nourriture de premier ordre pour tous les animaux.

Cette plante se plaît dans les terres argilo-calcaires, qui abondent en Tunisie.

Il faut la semer de bonne heure, en août ou septembre, et l'enterrer très légèrement.

Il est bon d'ébouillanter les graines pour faciliter la germination. Les Maltais qui pratiquent cette culture ne sèment que de la graine de deux ans; mais en échaudant, on peut sans crainte semer les graines fraîches.

Il y a plusieurs variétés de *sulla*. Celle qui est cultivée à Sétif est préférable à celle de Malte, qui est ligneuse et dont le fourrage n'est bon qu'à l'état frais.

Malgré les bons résultats obtenus à Sétif et au Jardin d'essais de Tunis, il ne faudrait pas s'illusionner sur les services que l'agriculture pourra tirer de ce fourrage. S'il n'est pas irrigué, il sera soumis, comme les autres fourrages, aux conséquences des vicissitudes du climat. Lorsque les pluies seront abondantes, les récoltes seront excellentes; lorsque l'année sera sèche, elles seront médiocres.

Le sulla craint la gelée.

VII

Etablissement d'une Prairie artificielle

La sécheresse qui, en 1893, a sévi partout, en Europe comme dans l'Afrique du Nord, a donné un nouvel élan à la recherche illusoire de plantes fourragères pouvant se passer d'eau, tout en donnant des rendements de fourrages considérables.

C'est ainsi qu'on a préconisé dans ces derniers temps

la vesce velue, la consoude rugueuse et, plus récemment, le *Polygonum Sakhalinense* ou persicaire de Sakhalin.

Mais il faut en rabattre des espérances fondées sur ces plantes fourragères; nous voyons qu'en Algérie la consoude rugueuse du Caucase n'a pu réussir que dans les bonnes terres, fraîches et *arrosées,* et que dans les sols maigres et secs, la végétation, d'abord insignifiante, a fini par disparaître.

Quant à la vesce velue, il est aujourd'hui démontré que la présence de la chaux lui est absolument défavorable, et, dès lors, il est inutile de chercher à l'acclimater dans nos terres de Tunisie, généralement riches en calcaire.

En somme, nous ne voyons pas que les essais qu'on a poursuivis dans nos régions pour y introduire des fourrages exotiques aient jamais eu des résultats appréciables.

Le plus sage, pour former une prairie temporaire, est de recueillir sur nos collines et dans nos ravins les graines fourragères qui y poussent naturellement, telles que : sulla, raygrass, fléole, lupuline, fromental et trèfle blanc, violet ou hybride. Répandus dans des terres bien labourées et fumées, ces fourrages deviennent superbes et arrivent, dans les années moyennes, à donner pendant cinq ou six ans une coupe de 20 à 25 quintaux à l'hectare; c'est tout ce qu'on peut demander dans ces climats. Au bout de ces quelques années, il est bon de défoncer de nouveau le terrain et de remplacer la prairie par une culture de céréales.

VII

Un Fourrage étonnant

On ne peut plus ouvrir un journal ou une revue sans qu'il y soit question du *Polygonum Sachalinense ;* la forme de la réclame varie, mais le fond est toujours le même : le *Polygonum* est le roi des fourrages; il produit *trois mille* quintaux à l'hectare; trois mille, entendez-vous? A partir de la seconde année, les frais de culture sont nuls; les bêtes l'adorent; les gens aussi, car il paraît que, cuit, cet herbage dépasse de cent coudées les meilleurs épinards; enfin, morale de la chose : les graines et les boutures de ce fourrage mirifique se trouvent chez un pépiniériste de Troyes qui est en train — la crédulité humaine aidant — de réaliser de superbes bénéfices.

Telle est l'antienne que la presse, sans exception, nous sert régulièrement depuis six mois.

Qu'y a-t-il de vrai au fond de cela?

On n'en sait encore rien, car si cette plante a été cultivée en pépinière au point de vue de la vente au public, elle n'a été encore exploitée nulle part, que je sache, comme fourrage, et, comme renseignements, nous n'avons jusqu'ici que la parole du vendeur de plants.

Le *Polygonum* est une plante des pays du nord, originaire des contrées fraîches de l'Asie. On prétend qu'elle ne craint pas la sécheresse; on disait aussi cela pour la consoude rugueuse du Caucase qui a pu procurer beaucoup d'argent aux pépiniéristes propagateurs, mais qui n'a pu végéter en Algérie qu'à force d'arrosage, de telle sorte qu'on a dû y renoncer.

En somme, ce qu'il y a de plus clair, c'est que les pieds de *Polygonum* sont vendus 60 francs le cent par l'aimable pépiniériste dont la réclame intelligente est en train de faire pâlir le savon du Congo et les pastilles Géraudel. Comme la plantation d'un hectare absorbe 10.000 plants, c'est donc une dépense de 6.000 francs pour l'achat seul du *Polygonum*.

Aussi sera-t-il prudent d'attendre que ce fourrage ait fait ses preuves. Et, du reste, méfions-nous des annonces qui promettent tant; méfions-nous des fourrages qui ne craignent ni les chaleurs extrêmes, ni la sécheresse;

méfions-nous toujours du merveilleux et du charlata-
nisme. ·

Les bons fourrages, en définitive, ne nous manquent
pas; nous avons entre autres pour faucher au printemps
le sulla, qui est une ressource autrement sérieuse, celle-
là, et dont on peut au moins se rendre compte *de visu*
en allant examiner les essais obtenus au Jardin d'essais
de la Direction de l'Agriculture.

Et, pour l'été, lorsqu'on peut irriguer, rien ne saurait
remplacer la luzerne, qui donne six à sept coupes pendant la saison chaude ; il est vrai qu'on ne peut pas
l'assaisonner à toutes sauces, au gras, au maigre et en
potage, comme le dit si élégamment l'auteur de la notice
sur le *Polygonum, « plante fourragère, culinaire,
rustique et ornementale »* ! Mais, que voulez-vous, nous
nous rabattrons sur l'épinard ou l'oseille.

IX

Vesce et Avoine

Le mélange de la vesce et de l'avoine procure un fourrage abondant et de bonne qualité.

Dans les terres calcaires (et Dieu sait si elles abondent dans le nord de la Tunisie!) la vesce réussit d'une
façon régulière. La vesce, qui est une plante grimpante,
a besoin d'être soutenue ; c'est pourquoi on a l'habitude
de la semer avec l'avoine, qui la maintient et l'empêche
de pourrir sur le sol.

On sème d'ordinaire par hectare un mélange de 100
kilos de vesces et de 50 kilos d'avoine.

On obtient ainsi un excellent fourrage ; il a autant de
valeur nutritive que le trèfle ou la luzerne.

La fauchaison a lieu dès que la vesce commence à
passer fleur.

Un hectare de vesce et d'avoine rapporte en moyenne 40 à 50 quintaux de fourrage sec.

M. Millot évalue les frais de cette culture de la façon suivante :

```
Labour.......................Fr.   40   »
Hersage.........................    8   »
Roulage ........................    8   »
Semence ........................   30   »
Fauchage et fenaison ..........     2   »
                    Total.....Fr.   88   »
```

Nous avons eu l'occasion de vérifier l'exactitude de ce calcul.

X

Fourrages d'Été

Lorsqu'on a assez d'eau pour faire des irrigations pendant l'été, il y a utilité à cultiver la luzerne, la betterave, le maïs et les diverses variétés de sorghos. On aura par là un fourrage vert, nourrissant et abondant, qui, joint au fourrage sec, permettront à l'agriculteur de conserver son bétail en excellent état pendant l'époque des chaleurs.

La luzerne arrive à donner six à sept coupes du printemps à l'automne, mais elle consomme beaucoup d'eau. Les maïs et sorghos sont moins exigeants.

XI

Plantes à Racines

Les plantes à racines jouent en Europe un rôle important dans l'alimentation du bétail.

Jusqu'ici, le colon tunisien les a peu employées ; il fera

bien de les faire entrer dans le cercle de ses cultures fourragères, afin de varier et de compléter la nourriture de ses animaux.

Nous conseillons les cultures suivantes, que nous avons eu occasion d'expérimenter, et dont la réussite a toujours été complète.

BETTERAVE. — Demande un sol consistant; dans les terres fortes, bien fumées, produit abondamment. Avec l'irrigation, on peut en avoir en toute saison. Préparer les semis, repiquer ensuite. Variétés recommandées : *Disette, blanche de Silésie, corne-de-bœuf, mammouth.* Nous avons eu des cornes-de-bœuf qui atteignaient le poids de 18 kilos.

CAROTTE. — Sol léger, fumé, alluvions. Employer la qualité rouge des Arabes.

RAVE OU NAVET. — Ne réussit qu'en hiver; terres légères, fumées. Les variétés d'Europe ne réussissent pas. Employer les semences arabes.

PATATE DOUCE. — Rapporte énormément en terre irriguée. Est devenue une grande ressource en Algérie pour la nourriture du bétail. Les fanes sont encore plus nourrissantes que les tubercules. Lire MILLOT pour cette culture spéciale.

POMMES DE TERRE. — Sol siliceux, fumé. N'employer que du fumier bien consommé; le fumier frais brûle les germes. Se servir pour le bétail des variétés *Chardon* et *Richter Imperator*. Les fanes sont nuisibles au bétail. Semer en septembre et en janvier. Se garder d'enlever les fleurs ; c'est à tort qu'on l'a recommandé.

Emploi : Les betteraves, carottes et navets sont débités au bétail à l'aide de coupe-racines.

Les patates et les pommes de terre profitent mieux aux animaux lorsqu'elle sont été cuites.

La meilleure manière de conserver les racines est de
les tenir dans un sable sec et fin.

XII

Emploi du Plâtre

L'action du plâtre sur la végétation des légumineuses
a été découverte en Allemagne, vers le milieu du siècle
dernier, mais c'est à Franklin que l'on en doit la démonstration irréfutable. Pour convaincre les incrédules,
Franklin imagina de tracer avec du plàtre, sur un champ
de trèfle qui commençait à pousser, les mots suivants :
Ceci a été plâtré. Quelque temps après, les tiges qui for-
maient cet apophtegme avaient dépassé leurs voisines
d'une telle hauteur que la lecture en était facile.

L'engouement fut alors rapide, et l'on crut pendant
quelque temps que le plàtre était un engrais complet.
Mais il fallut en revenir, et comme les plantes légumineuses étaient seules à profiter de l'usage du plàtre, il
fut établi qu'il ne pouvait suppléer aux engrais organiques.

Les causes de l'effet du plàtre sur les trèfles, sainfoins, luzernes et autres plantes du même genre furent
longtemps inconnues. Les uns croyaient que le plàtre
favorisait la nitrification ; les autres pensaient qu'il agissait en apportant de la chaux dans le sol ; mais il fut
établi que ces données étaient inexactes.

Il était réservé à M. Dehérain de trouver l'explication
de l'efficacité du plàtre. Il démontra que le plàtre (sulfate de chaux) avait la propriété de liquéfier et dissoudre
la potasse contenue dans la terre arable à l'état insoluble. La potasse ainsi dissoute était mise à la disposition
des plantes et pénétrait dans le sous-sol, où elle prenait
contact avec les racines très profondes, comme on le sait,
des trèfles, des sainfoins et des luzernes.

La potasse étant absolument nécessaire à la végétation de toutes les légumineuses, on s'explique dès lors comment le plâtre peut agir d'une façon remarquable sur la réussite de ces plantes.

C'est par la même raison que le plâtre peut jouer un rôle bienfaisant dans la culture de la vigne, qui est, elle aussi, très avide de potasse.

Les céréales, par contre, ne peuvent retirer aucun bénéfice de l'emploi du plâtre. Cela se comprend, puisque les céréales ont surtout besoin de phosphates, de silice et d'azote, et que le plâtre est sans effet pour favoriser la solubilité de la silice et la formation de l'acide azotique ou de l'ammoniaque.

On se sert du plâtre cuit ou cru, mais toujours en poudre très fine.

On doit le répandre sur les plantes au moment de leur végétation au printemps, le matin à la rosée et par un temps doux ou chaux.

L'effet du plâtre est limité à la récolte et doit être renouvelé tous les ans.

On emploie 400 kilos de plâtre par hectare.

XIII

Incendie des Broussailles

L'Arabe qui incendie ses broussailles sait ce qu'il fait ! A la place d'un fouillis impénétrable de lentisques, chênes nains et autres buissons où la chèvre seule peut trouver sa vie, il obtient, l'année suivante, au moyen de l'incendie, des pâturages superbes où les légumineuses foisonnent. Lorsque les buissons ont repoussé, il recommence à mettre le feu.

C'est ainsi que dans une propriété couverte de buissons, inutiles et incapables de former jamais une forêt, on pourrait, en incendiant graduellement et par lot, avoir chaque année des pâturages superbes et épais; tout le monde connaît, du reste, l'effet étonnant des cendres sur la production des légumineuses fourragères.

Nous en avons eu un exemple remarquable lors de la destruction des sauterelles, en 1891. Nous avions eu à incendier les broussailles du docteur Hue, au Khanguet; l'année suivante, au printemps, j'eus occasion de revenir sur ces lieux, et je fus ravi d'y trouver un tapis épais de sainfoin et de trèfle.

Il serait donc injuste d'empêcher l'indigène de brûler ses broussailles ou ses chaumes, car c'est ainsi qu'il se procure les pâturages dont il a besoin et le seul engrais qu'il ait connu jusqu'ici.

Mais il est indispensable d'imposer à l'Arabe les précautions nécessaires pour éviter que le feu ne devienne un désastre, comme il arrive trop souvent. C'est ici que l'intervention du Contrôleur civil devient nécessaire, pour forcer l'indigène à localiser le feu et à sauvegarder les bois de l'Etat et les récoltes de ses voisins. Une réglementation sévère s'impose à ce sujet.

XIV

Confection des Meules de Fourrage

Les fourrages mis en meule n'ont qu'une durée limitée; au bout de dix-huit mois, ils ont perdu leur odeur et leur saveur naturelles. Plus tard, ils deviennent poussiéreux et acres; leur odeur est mauvaise, et l'emploi en est dangereux.

Avec l'emploi du sel, on peut conserver au foin ses qualités primitives de verdeur, de souplesse et de parfum pendant plusieurs années; l'opération est simple et consiste dans l'épandage du sel en poudre sur les couches de fourrage, à mesure que l'on monte la meule. La dose de sel est d'environ 500 grammes par quintal de foin. En Angleterre, grand pays d'élevage, les foins sont toujours salés au moment de la mise en meule.

Non seulement le sel conserve le fourrage, mais tout le monde sait qu'il joue un rôle bienfaisant dans l'alimentation des animaux, auxquels il procure l'appétence et une bonne santé.

Nous avons vu également des agriculteurs qui mélangeaient au foin, au moment de la mise en meule, quelques touffes d'herbes aromatiques : romarin, marjolaine et thym. Le foin en gardait le parfum et plaisait davantage aux animaux.

II

BÉTAIL

Dans le nord de l'Afrique, le bétail est un des principaux éléments de la fortune de l'indigène; dans le centre et le sud de la Tunisie, où la rareté des pluies est un obstacle à la culture régulière des céréales, l'Arabe vit surtout de la vie pastorale, et l'on peut dire que ses troupeaux sont sa seule richesse.

Cependant, la Tunisie ne possède, d'après les derniers recensements, que 250.000 bovins et 1.200.000 ovins.

C'est une quantité misérable, si l'on considère la superficie de la Tunisie; il est certain que ce pays pourrait en nourrir aisément cinq à six fois autant.

Mais le défaut de soins, la mauvaise alimentation et l'absence totale d'abris sont un obstacle radical à la multiplication des races bovine et ovine.

Quelle que soit la sobriété des races indigènes, quelles que soient leur énergie et leur vitalité, il est souvent difficile que les animaux puissent résister aux épreuves qu'ils traversent.

Le bétail arabe, surtout le bœuf, n'est bien nourri qu'au printemps, époque à laquelle l'herbe abonde et se gaspille. Lorsqu'arrive le mois de juin, tout est sec. Les animaux se traînent à travers les chaumes et les broussailles, se nourrissant d'herbes sèches et dévorant des plantes de mauvaise qualité, telles que chardons, chrysanthèmes et autres de même acabit. C'est le moment où il faudrait les soutenir avec des provisions de foin, mais l'Arabe n'en fait jamais. Tout au plus leur donne-t-il un peu de paille, mais très peu.

En automne, si les pluies sont précoces, tout va bien, car l'herbe profite de la température encore chaude et pousse rapidement.

Mais si les pluies sont tardives, les bêtes, épuisées, s'anémient, et lorsque les pluies arrivent avec le froid il y a un désastre. Sans abris pour se garantir des intempéries de l'hiver, le bétail, de plus en plus débilité, résiste avec peine aux froids souvent rigoureux de l'hiver; il se jette avidement sur la première herbe qui pousse, et cette nourriture aqueuse et sans consistance précipite le dénouement. C'est à ce moment que les pertes sont considérables. Dans certaines années, nous avons vu ainsi périr le quart des troupeaux des Arabes.

L'Européen doit procéder autrement s'il veut arriver à un résultat.

D'ailleurs, le fumier est un objet de première nécessité pour le colon qui veut aborder avec succès des cultures profitables; il est donc indispensable qu'il s'organise pour en produire, et c'est son bétail qui doit le lui donner. Au lieu, comme l'Arabe, de laisser manger son fourrage sur pied, le colon intelligent en fera soigneusement la récolte et se créera des réserves. Il aura également soin de conserver toutes ses pailles. Il construira des étables pour loger son bétail et l'abriter pendant la nuit et le mauvais temps. Il sera ainsi dans d'excellentes conditions pour faire du fumier et engraisser ses terres. Ce sera le premier bénéfice qu'il retirera de ses troupeaux. Ce ne sera pas le seul, car il est à remarquer que les bœufs de ce pays s'engraissent très facilement avec une demi-stabulation.

La stabulation complète serait trop coûteuse; elle ne serait d'ailleurs pas pratique, l'exercice étant excellent pour la santé des animaux.

Il n'est pas de grande propriété en Tunisie qui n'ait

des montagnes, des collines ou des ravins, utilisables seulement comme terres de parcours.

Ces pâturages sont suffisants pendant la moitié de l'année au moins; lorsque les animaux ne pourront plus s'en contenter, les réserves de foin et de paille seront là pour leur venir en aide et les maintenir en bon état.

La question de l'eau est aussi une des conditions de bonne santé pour les troupeaux; l'eau sale, corrompue et croupissante qui sert le plus souvent à désaltérer les bêtes des Arabes est le véhicule d'un grand nombre de maladies.

Le colon devra veiller à installer ses abreuvoirs à l'ombre et s'arranger pour que l'eau s'y renouvelle. Cette précaution le mettra à l'abri des maladies qui déciment le bétail des indigènes.

I

Race bovine

Ne tombons pas dans les mêmes erreurs qu'en Algérie, où, à force d'introduire des animaux reproducteurs de France et de Suisse (bretons, charolais, tarentais, schwitz, etc.) et en pratiquant des croisements avec la race arabe, on a fini par créer des races abâtardies qui n'ont pu garder les qualités des races importées et qui ont perdu celles de la race du pays.

On a pu constater, en outre, que les produits des animaux étrangers avaient conservé, au point de vue de l'alimentation, une exigence qui tient à leur origine.

L'expérience a démontré qu'il y avait mieux à faire : c'était de se limiter à la race indigène, qui est acclimatée et qui a des qualités remarquables de rusticité, d'endurance et d'énergie. On arrivera facilement à l'améliorer encore, par des soins, par une alimentation régulière et par la sélection.

Les races de Guelma, du Cap Bon et de Mateur ne sont pas à dédaigner. A l'Exposition des Champs-Élysées, elles ont attiré l'attention des connaisseurs.

On parviendra, avec les cultures et les réserves de fourrages et les irrigations d'été, à résoudre la question fourragère. Ayant à bon marché une nourriture saine et abondante pour la période sèche, il sera dès lors possible, par le choix d'animaux reproducteurs bien conformés et par la demi-stabulation, d'améliorer la race et de produire des animaux recherchés par la boucherie.

II

Race ovine

On reproche, avec raison, à la race tunisienne à grosse queue d'être d'un écoulement difficile en France ; sa viande a le goût du suif et de la laine ; sa graisse se développe aux dépens de la chair.

La race algérienne à queue fine, tout aussi rustique et résistante, est bien supérieure au point de vue de la viande. Elle est estimée en France. Le croisement de ses brebis avec les mérinos a donné d'excellents résultats comme amélioration de la viande et surtout de la laine. Ce croisement est rationnel, en somme, car le mérinos est originaire d'Afrique et a conservé ses qualités primitives de résistance rustique.

Beaucoup de colons tunisiens ont déjà formé des troupeaux de brebis algériennes avec des béliers mérinos de la Crau. Leurs produits sont vigoureux et résistants ; très demandés par les bouchers de Tunis, ils font prime sur le marché.

Les essais de croisement de mérinos avec les brebis tunisiennes n'ont pas réussi et ont dû être abandonnés ; les béliers mérinos ont une répugnance insurmontable pour les brebis à large queue et se refusent à la monte.

Les étables pour la race ovine doivent être arrangées de manière que chaque bête puisse disposer de près d'un mètre carré.

En hiver, la litière doit être approvisionnée chaque jour, afin que les animaux n'aient pas le pied dans l'humidité ; le fumier de mouton étant le plus estimé de tous, il y a avantage à lui fournir une litière abondante.

L'été, il convient, à cause de la chaleur, de supprimer la litière et de balayer les étables tous les jours. Pendant les grandes chaleurs, on doit rentrer le mouton de dix heures du matin à trois heures du soir, pour le préserver de l'ardeur du soleil.

Si les bergeries ne sont pas spacieuses et aérées, le mouton se trouvera mieux de passer la nuit dehors, car il craint la chaleur. On le fait généralement parquer dans les terres cultivées, pour les fumer ; le parc doit être changé tous les quatre jours ; cet espace de temps suffit pour que le séjour du mouton ait pu engraisser la terre.

Le mouton craint les pàturages bas et humides ; il se trouve très bien sur les hauteurs.

On calcule qu'on peut entretenir un ovin par hectare de parcours.

Le mouton est précieux pour ces pays, car il trouve encore à vivre là où le bœuf n'aurait depuis longtemps plus rien à manger. On a raison de dire que l'Arabe ne vivrait pas sans le mouton, qui arrive à subsister dans les localités les plus sèches et les plus arides et à se contenter d'herbes que le bœuf ne peut atteindre.

Les brebis sont bonnes pour l'accouplement depuis dix-huit mois jusqu'à huit ans. Les béliers doivent être éliminés dès qu'ils atteignent l'âge de quatre ans.

Les brebis portent pendant cinq mois et quelques jours.

A l'époque de la monte, les béliers doivent recevoir une alimentation très nourrissante.

On doit avoir un bélier par soixante brebis.

La monte doit commencer à l'automne, pour que l'agnelage ait lieu en février et mars, époque à laquelle l'herbe est abondante.

On châtre les agneaux à partir du vingtième jour.

La tonte ne doit pas avoir lieu avant le mois d'avril; après l'avoir tondu, il est prudent de tenir le mouton pendant quelques jours à l'abri des intempéries.

La demi-stabulation permet de faire des agneaux de lait.

La race algérienne à queue fine est si estimée qu'il n'y a pas de troupeau dans les Alpes françaises qui n'en soit composé en partie. Nous avons vu dernièrement, au marché de Briançon, plusieurs lots de ces brebis que les paysans des vallées environnantes se sont disputés; ces brebis étaient importées directement d'Algérie.

III

Race porcine

Dans les domaines où il y a de l'eau et des broussailles, l'élevage du porc en pâturage est avantageux.

C'est l'animal le plus prolifique. J'ai connu un colon qui, ayant acheté un verrat et six truies, avait consommé, vendu ou gardé 1.600 porcs, au bout de trois années.

On devra donc en avoir toujours un certain nombre à l'engrais, pour utiliser les déchets du ménage, de la ferme et du potager.

Toutes les races de porcs réussissent bien en Tunisie, excepté les porcs anglais qui sont exigeants sur la qualité des aliments. Dans ces conditions, ils ne peuvent donner aucun bénéfice.

IV

Race caprine

A ses débuts, notre Colonie agricole a eu beaucoup d'illusions et pas mal de préjugés; les illusions se sont envolées devant la brutale réalité des faits, mais quelques rares préjugés sont encore debout. Nous les discuterons les uns après les autres, et nous commencerons aujourd'hui par la question des *chèvres*.

Je me figure d'avance quelle sera la clameur que va soulever ma thèse en faveur de la réhabilitation de la chèvre; quel *tolle!* et, vraiment, il faut quelque courage pour s'attaquer à un préjugé que j'ai moi-même longtemps partagé et qui causa une indignation générale contre le premier Inspecteur de l'Agriculture, lorsqu'il eut l'audace de demander un prix pour la race caprine au Concours agricole de 1888.

C'est que la chèvre, comme l'âne de la fable, était alors pour nous l'animal auquel on devait tous les maux de la Tunisie; c'est par elle que le pays était déboisé, que les sources étaient taries, que la sécheresse était fréquente.

Je l'ai cru moi aussi, et je me rappelle avec quelle ardeur je me mis à chasser les chèvres du domaine qui m'était confié.

Il me semblait que, du coup, les forêts allaient renaître. En effet, au bout de sept à huit ans, les touffes de lentisques, de thuyas, de chênes nains broutées par cette race maudite avaient grandi; ces buissons qui n'avaient que huit à dix centimètres de hauteur, ont maintenant atteint une élévation de... deux à quatre mètres! Ils en resteront là, car ces arbustes ne sont pas susceptibles d'une croissance supérieure. Les troupeaux de bœufs et de moutons qui vivaient à travers ces touffes réguliè-

rement tondues par la dent de la chèvre ne peuvent plus
pâturer dans ces broussailles de quelques mètres de
haut ; elles ont envahi tout le sol, elles forment aujour-
d'hui un fourré absolument impénétrable.

Voilà le résultat atteint, et il faut bien dire qu'il n'est
pas brillant ! Sacrifier ses pâturages au plaisir d'avoir de
superbes touffes de lentisques, renoncer à un profit certain pour la satisfaction de contempler quelques thuyas
de quatre mètres de hauteur et des chênes nains de deux
mètres, c'est en somme assez puéril.

Il faut bien l'avouer, nos collines et nos ravins ne
contiennent aucune essence d'arbre de haute futaie ;
si l'on veut reboiser et créer de vraies forêts, il faut
procéder autrement, il faut semer ou planter de vrais
arbres, des pins, des chênes, des caroubiers, etc. Dans
ce cas seulement, il conviendra d'écarter la chèvre avec
soin.

Mais si nos colons reculent devant la dépense et la
lenteur du reboisement, qu'ils ne renoncent plus, à l'a-
venir, à l'élevage de la chèvre, qui est d'un produit assuré, qui leur donnera sans frais du lait, du poil, des
peaux et de la viande.

Aucun élevage n'est aussi facile, aussi économique
que celui-là ; race robuste et rustique, la chèvre se contente d'abris élémentaires, qui lui sont cependant nécessaires pour la préserver des froids humides et des fortes
pluies ; elle trouve à vivre partout et en tous temps ;
elle n'a pas besoin, comme le mouton, à certaines époques, de foin ou de grains. Elle consomme peu d'eau,
elle est sobre et facile à vivre ; elle est aussi d'un rapport
certain et relativement considérable. Sa viande est recherchée par l'indigène ; ses peaux sont demandées par
la tannerie ; son lait est une nourriture qui n'est pas à
dédaigner, surtout ici où les vaches laitières sont coûteuses à entretenir.

Aussi, dussé-je être vilipendé par la Colonie, je dirai

en terminant : *Réhabilitons la chèvre !* et vous verrez, en somme, que beaucoup seront de mon avis.

Du reste, depuis le temps que nous avons proscrit la chèvre, les buissons ont eu le temps de grandir, et les chèvres brouteront sous le couvert, sans grimper au sommet des thuyas et des lentisques, qui garderont l'allure altière que huit années de tranquillité leur ont donnée.

CHAPITRE IV

LA VIGNE — LE VIN

I

LA VIGNE

I

Choix du Terrain pour la création d'un Vignoble

La vigne réussit en Algérie, dit M. Rivière, dans toute la région du littoral et peut être plantée jusqu'à une altitude de mille mètres.

On doit rechercher les expositions au nord, afin d'éviter autant que possible le souffle du sirocco.

La vigne pousse dans tous les terrains ; dans les coteaux, le vin aura plus de finesse et de bouquet ; en plaine, il sera plus abondant.

La vigne aime le calcaire ; c'est lui qui donne à son vin les meilleures de ses qualités.

Il est inutile de rechercher pour la vigne les terres dites riches et fertiles, qui font des vins médiocres et qu'il vaut mieux réserver pour des cultures plus exigeantes. On devrait se rappeler que nos ancêtres ne plantaient la vigne que là où ils ne pouvaient obtenir d'autres cultures.

Les terres sèches, caillouteuses, rocailleuses, donnent le meilleur vin, et si leur rendement est faible, on corrige cet inconvénient par des fumures.

Aussi, ne cherchez pas des terres fécondes pour établir un vignoble; contentez-vous des terres calcaires, schisteuses, pierreuses, rouges, et tout cela se trouve abondamment en Tunisie.

Il faut fuir les bas-fonds, les marais et même les plaines dont le sous-sol est imperméable.

II

Plantation

Il faut bien l'avouer, un certain nombre des premières plantations de vigne en Tunisie ont été faites avec légèreté. En 1884, 1885 et 1886, on a dù planter près de 4.000 hectares, et ceux qui le faisaient faire, s'ils avaient beaucoup d'argent, et ils l'ont montré, avaient aussi bien peu d'expérience. Le grand promoteur de toutes ces plantations, celui, en somme, qui a donné un élan vif et brillant aux débuts de la colonisation, était beaucoup plus courtier que viticulteur. Il présentait la chose à ses amis comme la plus facile du monde; il promettait monts et merveilles pour les résulats et il annonçait les dépenses comme très minimes; à l'en croire, la vigne couvrait les frais au bout de deux ans; elle rapportait 20 % au bout de quatre.

Beaucoup de gens l'écoutèrent et le chargèrent de planter pour leur compte; d'autres vinrent, le prirent pour exemple et se modelèrent sur lui.

Comme il paraissait que c'était une opération très simple et qu'on croyait être dans la terre de Chanaan, on ne prit pas grand'peine pour planter cette vigne qui devait faire la fortune de tant de gens. Ce fut l'affaire de quelques labours, et, aussitôt après, les ceps de vigne furent mis en terre, soit au moyen de trous, soit tout simplement avec une barre à mine. Quant au nettoyage du terrain, on n'y avait pas songé, et le chiendent put s'implanter à l'aise, sans que personne y prît garde.

On sait ce qui s'ensuivit et ce qu'il en coûta. Il fallut remplacer la plupart des pieds; il fallut surtout défoncer les terrains après les plantations, et enfin extirper le chiendent. En somme, ce qu'on aurait pu faire au début avec 4 à 500 francs par hectare, arriva à en coûter plus d'un millier, sans compter la perte du temps et le retard dans la constitution complète du vignoble.

De crainte que les nouveaux venus ne tombent dans de pareilles erreurs, nous leur rappellerons les principaux principes qui doivent présider aux plantations de vigne, et dont ils trouveront tous les détails amplement et sagement exposés dans les ouvrages techniques de Guyot, de Gaillardon, de Rivière, de Dejernon, etc.

Il ne faut pas être pressé pour créer un vignoble; faites bien, calculez bien votre affaire, choisissez bien vos cépages et cherchez les terrains qui leur sont favorables; surtout, évitez les bas-fonds où l'eau séjourne; cherchez les coteaux exposés au nord et au levant, et défoncez votre terrain en été, de manière que le soleil pénètre à travers les mottes et purifie le sol. Vous ne défoncerez jamais assez profondément, et la dépense que vous occasionnera ce travail sera vite rattrapée par la précocité et la force de végétation des boutures qui pourront tout de suite émettre, en profondeur, des racines qui ne rencontreront aucun obstacle.

Si le terrain a contenu des buissons, veillez avec soin à ce que toutes les racines et radicelles soient complètement extirpées, car la négligence, dans ce cas, peut être très nuisible. Si vous laissez des racines, elles repousseront, et ce sera ensuite un travail incessant pour vous en débarrasser; si ces racines proviennent du chêne nain, elles pourriront dans le sol et donneront naissance à un champignon qui attaquera les ceps de vigne et leur communiquera la pourriture ; si elles proviennent du lentisque, elles empoisonneront le terrain et donneront plus tard un goût désagréable à votre vin.

Dans ce pays, le chiendent est un ennemi dangereux ; il ne faut pas l'oublier, et c'est une chose essentielle que de s'en débarrasser avant de planter. Plus tard, ce serait une source de dépenses et d'ennuis, car on n'arrive pas à faire périr le chiendent avec des labours successifs ; tant que le sol recèlera un fragment de racine de cette plante parasite, le chiendent sera prêt à renaître de plus belle. Quelques viticulteurs de Tunisie savent, aujourd'hui, ce qu'il leur en a coûté pour avoir cru qu'en coupant constamment le chiendent, ils parviendraient à le faire disparaître. J'ai vu, dans des plantations de cinq ans, le propriétaire être obligé de mettre les racines de ses vignes entièrement à nu pour en retirer les racines de chiendent qui s'y étaient entrelacées !

J'ai dit que le défoncement qui précède la plantation devait être profond ; dans les terres compactes, on doit renoncer à effectuer ce travail au moyen des animaux ; quel que soit le nombre des chevaux ou des bœufs qu'on attellera à une charrue défonceuse, on n'arrivera pas, dans des terres qui n'ont jamais été remuées que par la charrue arabe, à défoncer le sol à plus de trente centimètres, ce qui serait insuffisant. Il faut recourir à la charrue à vapeur dans la plaine et au piochage à la main dans les coteaux. Le défoncement avec la charrue à vapeur atteint des profondeurs de quarante-cinq centimètres et coûte 300 francs l'hectare. Le travail à la main, dans des coteaux pierreux ou broussailleux, entraîne une dépense de 800 à 1.000 francs l'hectare, pour une profondeur minima de 50 centimètres ; mais ce travail est parfait, il assure la reprise et la réussite d'un vignoble ; le sol ainsi remué, émietté, ameubli, garde la fraîcheur ; la vigne y deviendra superbe.

Lorsque le terrain aura été ainsi défoncé et préparé, autant que possible avant la fin de l'automne, il faudra planter de bonne heure pour profiter de toute la saison pluvieuse. La meilleure époque est le mois de janvier.

Je recommande d'une façon particulière de ne planter qu'à trous, car je ne connais que trop les inconvénients de la plantation à la barre à mine. Cela est bien compréhensible, car, en perçant un sondage avec la barre à mine et en y introduisant ensuite un sarment de vigne, on aura beau bourrer le vide avec du sable ou de la terre très meuble, on ne saura jamais si l'extrémité de la bouture se trouve dans de bonnes conditions; elle peut se caser dans une cavité formée de mottes de terre renversées par la charrue, et, dans ce cas, la bouture, après avoir manifesté une apparence de végétation, ne tardera pas à périr. Par contre, en plantant à trous, on sait et on voit ce que l'on fait. Le trou doit avoir généralement 30 centimètres de côtés sur 40 de profondeur. On ramène dans le fond 10 centimètres de terre bien effritée, bien meuble; on place ensuite la bouture en la courbant de manière qu'un tiers soit horizontal au fond du trou et que le reste s'élève verticalement, en s'appuyant contre une des parois. On remplit ensuite le trou de terre bien sèche et bien brisée, en la piétinant de façon à la tasser et à supprimer tout vide. Pour peu qu'il tombe de l'eau, la réussite sera certaine. On se trouve bien de faire tremper les sarments, pendant trois ou quatre jours, avant de les planter. Lorsque les boutures auront à attendre avant d'être mises en terre, il est prudent de les tenir en jauge dans du sable frais, ou dans une terre meuble et arrosée.

Nous parlons de *boutures* seulement; c'est que nous ne conseillons pas de se munir de plants enracinés. Voici pourquoi. Les enracinés exigent la préparation coûteuse d'une pépinière, son entretien, son arrosage; puis, à la suite de la transplantation, ces plants ne retrouvent plus les soins auxquels ils avaient été habitués ; ils en souffrent dès que les chaleurs apparaissent. Pendant la première année de transplantation, leur végétation sera lente, et, en somme, la bouture, plantée au moment de la mise en pépinière des enracinés, ayant par conséquent le même âge, aura acquis la même force de végétation.

La Tunisie étant sujette à des vents violents, il en résulte que la vigne, jusqu'à ce qu'elle ait atteint une certaine force, casse très fréquemment. Dans les jeunes plantations, il n'est pas rare de voir de nombreux ceps dévastés par le vent et privés de tous leurs sarments. La taille devient alors très difficile, et il faut quelquefois compter sur la pousse des *gourmands* pour reformer le pied. C'est pourquoi nous conseillons de tenir la vigne basse, d'autant plus que le temps étant toujours sec au moment de la vendange, la pourriture du fruit n'est pas à redouter. A notre avis, on doit rogner la bouture plantée de manière à ne laisser qu'un œil hors de terre. Ce sera le début de la taille, dont nous parlerons plus loin.

Pour les plants à taille courte, le meilleur espacement des pieds est de 2 mètres de distance de tous côtés, et en losanges, de manière à labourer en tous sens. La plantation en ligne de 1 mètre 50 sur 3 mètres est fréquemment adoptée, mais nous lui préférons la plantation de 2 mètres sur 2, parce que les vignes se protègent plus facilement contre les vents et n'offrent pas une coulée comme dans les lignes espacées de 3 mètres.

Lorsqu'il s'agit de vignes à taille longue et sur cordon, comme le cabernet, la syrrah et le cot, il convient de planter en lignes, c'est-à-dire les pieds espacés de 1 mètre 50 dans la rangée et les lignes distantes de 2 mètres 50 l'une de l'autre.

Une plantation, quel que soit le soin qui ait présidé à ce travail, a toujours quelques manquants ; on les remplace l'année suivante par d'autres boutures. Mais s'il y

en a encore quelques-unes qui périssent, on ne doit plus
en mettre d'autres. Il n'y a qu'à attendre que les pieds
voisins aient pris assez de force pour faire des provins.

III

Cépages pour Vins rouges

La grande partie des vignobles tunisiens et algériens
est formée de carignan, de mourvèdre et de morastel,
dans la proportion de moitié pour le premier cépage et
d'un quart pour chacun des deux autres. Cette combinaison est bonne : le carignan donne de la finesse au vin,
les autres donnent du corps et de la couleur. Leur association est avantageuse.

On a peu planté d'aramon, et c'est regrettable, car
l'aramon est un plant à grand rendement, et le vin qu'il
produit est léger, fin et frais, qualités très recomman-
dables pour la consommation dans les pays chauds. Le
Cardinal Lavigerie avait planté des aramons ; aussi son
vin est-il recherché par la clientèle locale et fait-il prime.
On avait prétendu que l'aramon végétait mal sous ce
climat et redoutait le sirocco, qui grillait les fruits avant
terme. Cette légende a dû être propagée par des viticulteurs qui avaient mal défoncé leurs terrains. En effet, les
racines de l'aramon tracent facilement, dès qu'elles trouvent de la résistance dans le sol ; on comprend alors que,
dans une terre défoncée insuffisamment, les racines de
l'aramon resteront superficielles et souffriront de la sécheresse et de la chaleur. Mais défoncez votre terrain
à 50 centimètres, choisissez des plaines dont le sol soit
frais et ameubli, et vous verrez que vos aramons réus-
siront à merveille et vous donneront des rendements
considérables.

On s'était fortement engoué du petit-bouschet ; mais si son vin est très coloré, il est plat et insipide. Il serait imprudent de le faire figurer pour une forte proportion dans la constitution d'un vignoble.

L'aspiran, l'œillade et le cinsaut sont des plants qui donnent de bons résultats.

Les plants fins sont le cabernet, le cot, la petite syrrah et le pinot. Placés dans les terrains qui leur conviennent, les vins de ces cépages ont de la finesse et du bouquet. Le cabernet produit un vin qui rappelle le bordeaux, mais il lui faut deux ou trois ans de fût ; la syrrah fait un vin remarquable, corsé et velouté, semblable aux vins des côtes du Rhône.

Pour le choix des terrains, les alluvions conviennent à l'aramon.

Les carignan, mourvèdre, morastel, aspiran, cinsaut et œillade se plaisent dans toutes les terres argilo-calcaires.

Le cabernet aime les coteaux rouges, calcaires, ferrugineux.

La syrrah exige les coteaux schisteux ou granitiques.

Le cot et le pinot viennent bien dans les coteaux calcaires, rocailleux.

Le petit-bouschet réussit dans tous les terrains.

Les carignan, mourvèdre, morastel, aramon, aspiran, œillade et pinot se taillent à deux yeux.

Les cabernets, cot et syrrah ne produisent qu'à la taille longue.

Le petit-bouschet et le cinsaut produisent avec les deux tailles.

L'aramon, le petit-bouschet, le carignan, l'œillade et le cinsaut produisent abondamment.

Le mourvèdre, le morastel, l'aspiran, la petite syrrah et le cot donnent un rendement moyen.

Le cabernet et le pinot produisent peu, vingt-cinq à trente hectolitres à l'hectare, au plus.

Nous n'avons pas parlé de l'alicante, car nous ne recommandons pas son emploi pour la fabrication des vins rouges. Il fermente mal, à cause de son excès de sucre, et rend la cuvaison difficile. Par contre, il est excellent pour faire du vin blanc ou du vin de liqueur.

CÉPAGES BLANCS

Les variétés de raisins blancs existant dans nos vignobles sont la clairette, l'ugni-blanc, le pique-poul, la folle-blanche, l'aïn-kelb et le chasselas.

L'ugni donne le meilleur vin ; il produit beaucoup, de même que tous les autres cépages blancs.

Les vignes à raisin blanc aiment les terres compactes, argileuses et blanches.

La taille courte convient à tous les cépages blancs que nous venons d'énumérer.

La Tunisie produit d'excellents vins blancs ; quelques-uns sont tout à fait remarquables.

PRODUCTION

La production dépend à la fois du terrain et des soins du vigneron.

Avec un bon entretien et des fumures raisonnées, les vignes en coteaux (à part le cabernet et le pinot, qui sont d'un faible rendement) doivent rapporter, à partir de sept à huit ans, une moyenne de 50 à 60 hectolitres à l'hectare. En plaine, elles peuvent arriver facilement à dépasser 100 hectolitres. Nous avons vu cette année une vigne de huit ans, plantée en demi-coteau, dans des terres argilo-calcaires, à Fondouk-Djedid, rapporter 97 hectolitres à l'hectare, avec des plants de carignan, mourvèdre et morastel. Il est vrai qu'il s'agit d'un vignoble très bien entretenu, mais cela est à la portée de tout le monde.

TAILLE

La taille est *la grosse affaire* dans la tenue d'un vignoble. Son influence est prépondérante au point de vue de la production et de l'avenir de la vigne.

Il est bien regrettable que tant de viticulteurs y apportent si peu de soins, embauchent pour la taille les premiers venus ou la confient même, à prix fait, à un entrepreneur qui n'aura en vue que d'aller vite et de gagner le plus possible.

Cette opération est délicate; il faut y employer des hommes spéciaux, adroits et capables de discernement. La taille demande une profonde connaissance de la vigne, pour reconnaître les rameaux fructifères, apprécier ce qu'il faut laisser et ce qu'il faut enlever; l'ouvrier doit chercher à établir le nombre de porteurs, d'après la force et l'âge des ceps; il doit chercher aussi à équilibrer l'ascension de la sève et à former une souche, suivant les besoins de la végétation et la bonne disposition des rameaux futurs. Comme on le voit, c'est un travail qui exige de l'intelligence et du bon sens.

Les traités de viticulture donnent toutes les indications sur les divers modes de taille courte ou longue. Ce serait une répétition inutile que de nous étendre sur ce point.

Nous traitons seulement, ici, un des côtés de la question, qui doit être mis au jour. C'est celui de l'usage du sécateur, qui a remplacé la serpe, et dont les effets funestes ont préoccupé de nombreux viticulteurs. La taille à plat, horizontale, était impraticable avec la serpette, et on était obligé de couper en bec de fifre. Avec le sécateur, on tranche le bois *ras*, et les ouvriers s'appliquent généralement à raser de très près. La section, ainsi opérée, crée une blessure vive sur le membre qui est conservé; cette blessure favorise les fendillements que causent la gelée et la chaleur; la blessure s'aggrave; la moelle circule mal et s'altère; la souche dépérit. Si le sécateur est mal affuté, si l'ouvrier est inhabile, il s'ensuit des écrasements et des mâchures du bois qui contribuent encore à l'affaiblissement de la vigne et causent quelquefois sa mort, ainsi que nous l'avons vu, dans quelques vignobles, parmi les plus vieilles souches.

On doit à M. Dezeimeris le remède à ce mal; il a fait connaître une méthode de taille qui supprime les inconvénients relatés plus haut; voici comment il l'explique :

« On tranche dans le nœud immédiatement supérieur à celui que l'on destine à la production, de manière que le diaphragme du nœud supérieur constitue une cloison protectrice qui garantira l'œil du dessous. »

En somme, le système de M. Dezeimeris consiste à ne jamais couper, à l'état vif, un sarment ou un bras quelconque au ras du rameau dont il est détaché, mais à trancher sur le nœud au-dessus du point où l'on aurait pratiqué la taille d'après l'ancienne méthode. Ces tronçons subsisteront pendant un ou deux ans, jusqu'à ce que la vigne ait constitué sa canalisation de sève autour de la base des tronçons protecteurs.

Ce système amène assez rapidement le recouvrement progressif et certain des blessures anciennes et nouvelles.

IV

Entretien de la Vigne

L'entretien de la vigne doit être basé sur ce principe, que la terre doit toujours être propre et meuble. Ce sont des conditions rigoureusement nécessaires pour garder la fraîcheur et lutter contre les effets de la sécheresse et de la chaleur.

Plus on donnera de façons à la vigne, mieux elle s'en trouvera; le moins qu'on puisse faire, c'est de donner trois labours. Les labours d'hiver doivent être profonds, pour faciliter la pénétration des pluies et favoriser leur emmagasinement dans le sol. Au printemps, les labours

légers suffisent, et, au commencement de l'été, l'extir-
pateur termine le travail. L'essentiel est de toujours remuer la terre après les dernières pluies, surtout dans
les terres fortes, afin qu'elles restent meubles et ne fassent pas *prise,* car les chaleurs occasionneraient des
fendillements et pénétreraient jusqu'aux racines.

Il convient de déchausser la vigne avant la taille, pour
rendre l'opération plus commode. Ce travail doit être
fait à la main, de même que le rechaussage, qui permet-
tra de supprimer les radicelles qui se trouvent à la surface.

Les labours à la charrue sont avantageux, à ce qu'on
prétend, pour les grands vignobles ; mais ils sont loin de
valoir les piochages à la main, cela ne saurait se discuter.
Nous ne savons même pas s'il ne conviendrait pas aux
grands viticulteurs de préférer le travail des hommes à
celui des bêtes. Si on faisait le compte de tout ce que les
animaux cassent dans les vignes, de l'usure du matériel,
de l'amortissement du capital représenté par le prix d'a-
chat des animaux, de la dépréciation annuelle de leur
valeur, des frais de leur nourriture et de leur entretien,
peut-être s'apercevrait-on que l'économie est du côté du
travail de l'homme, surtout dans ce pays où la main-
d'œuvre abonde et est à bon marché. Nous avons connu
un viticulteur en Algérie qui avait cinq cents hectares de
vignes et ne possédait que deux chevaux pour sa voiture.
Tout se faisait à la main ; son vignoble était tenu comme
un jardin ; ses vignes lui rendaient un minimum de cent
hectolitres à l'hectare en coteaux !

Au printemps, on doit ébourgeonner avec soin. La
suppression des gourmands profite aux rameaux fructifères et rend plus tard la taille aisée et rapide.

Nous ne sommes pas partisan du rognage ou de l'éci-
mage ; ces opérations favorisent l'émission des raisins
tardifs, appelés grappillons ou conscrits ; ils épuisent la
souche sans grand profit.

Partout où l'on pourra trouver du bois à bon marché, il sera avantageux de placer des échalas pour attacher les vignes. On évitera ainsi la casse produite par le vent et les dégâts importants qui en résultent; on facilitera la tâche des binages, qui sont d'une grande importance pour tenir le sol propre et meuble. Pour conserver les échalas et leur assurer une longue durée, il est bon de les faire tremper, pendant une quinzaine de jours, dans un bassin rempli d'eau renfermant une dissolution de sulfate de cuivre aussi forte que possible.

V

Fumure des Vignes

Faut-il fumer la vigne? Telle est la question qui a été longtemps discutée. Des viticulteurs prétendaient que la vigne n'avait pas besoin d'engrais; d'autres affirmaient que l'application du fumier nuisait à la qualité du vin. Les remarquables études des savants, et en particulier de l'éminent professeur Ottavio Ottavi, auquel l'Italie dresse aujourd'hui une statue, ont démontré que la vigne avait besoin d'engrais et que l'on pouvait, par un emploi judicieux des fumures, augmenter la quantité, sans nuire à la qualité.

Les anciens, auxquels il est bon de se rapporter quelquefois en fait de culture, fumaient la vigne. Columelle en témoigne dans son traité *De re rustica,* et Théophraste recommandait même de renouveler, tous les dix ans, la terre autour des ceps.

Ottavi préconise les fumures abondantes, toutes les fois que le terrain est maigre et compact.

Il conseille d'employer les proportions suivantes de fumier de ferme :

Pour les terres riches,   3.000 kilos tous les deux
                                                        ans ;
—   bonnes,   5.000   —   —
—   médiocres,   10.000   —   —
—   mauvaises,   15.000   —   —

Il recommande le fumier de vache et de bœuf pour
les terres meubles et légères, et le fumier de cheval et
de mouton pour les terres argileuses et fortes.

Dans les terres riches, il engage le vigneron à associer
les substances minérales au fumier d'écurie, en dimi-
nuant d'autant la quantité de ce dernier.

L'application du fumier ne doit jamais avoir lieu qu'en
hiver, pendant le *repos complet* de la végétation. On peut
l'enfouir au pied de la vigne, dans une cuvette creusée et
recouverte, ou le répandre entre les lignes et l'enterrer
à la charrue.

*
* *

La question de la fumure de la vigne a été traitée d'une
façon complète au Congrès de Montpellier ; de la discussion approfondie à laquelle ont pris part les sommités
viticoles de la France, il se dégage les principes suivants,
qui ont rallié l'unanimité des opinions :

1º Les éléments fortifiants que contient le sol se trouvent concentrés, au printemps, dans les feuilles de la
vigne ; il faut en conclure que les engrais développent
surtout le système foliacé qui, loin d'être un parasite,
élabore les substances essentielles au raisin ; à partir
de juin, les feuilles et les sarments se vident en acide
phosphorique et en potasse, au profit du raisin. Ce sont
donc les feuilles et les sarments qui sont les vrais producteurs du vin ; du reste, le vin, qui est la matière ex-
portée, n'appauvrit le sol que dans des proportions
insignifiantes, négligeables. Si les feuilles, les sarments
et les marcs retournaient à la terre, il n'y aurait aucune
déperdition des matières organiques : il n'y aurait pas
d'épuisement du sol par la vigne ;

2º Parmi les trois éléments nécessaires au développement de la vigne, qui sont l'azote, la potasse et l'acide phosphorique, c'est l'azote qui joue le principal rôle. La potasse entre aussi pour une certaine part dans la nutrition de la plante ; le vin lui-même en emporte quelque peu, sous forme de bi-tartrate de potasse. L'acide phosphorique n'est nécessaire que dans une proportion très minime ;

3º Contrairement aux théories de Georges Ville, dont beaucoup reviennent aujourd'hui, le Congrès a reconnu unanimement l'impossibilité de subtituer les engrais minéraux aux engrais de ferme ; il a condamné l'emploi exclusif des engrais chimiques. D'après ses théories, ces engrais ne doivent être employés que concurremment avec les fumiers ;

4º Le rôle du plâtre a été déterminé ; il ne produit de bons effets que dans les terres riches en matières organiques. Ce n'est pas un engrais : il agit seulement sur les éléments de fertilisation, en les transformant et en les assimilant. C'est ainsi que, répandu avec le fumier, il arrive à donner des résultats excellents.

Tels sont les principaux enseignements qui se dégagent de la discussion qui a eu lieu à Montpellier sur la question des fumures au vignoble. Il en résulte que la meilleure manière de fumer la vigne consiste dans l'emploi combiné du fumier de ferme et des engrais chimiques ; il est aussi une pratique excellente, qui consiste à brûler les feuilles et les sarments après la taille et à répandre les cendres dans le vignoble ; on restituera ainsi au sol presque toute la potasse que la végétation lui a enlevée.

Enfin, les engrais chimiques, et notamment le nitrate de soude et le carbonate de potasse, ne donnent de bons résultats, lorsqu'ils sont combinés avec le fumier, que dans les terres où il y a peu de calcaire. Lorsque le calcaire domine, et c'est généralement le cas en Tunisie, il convient d'employer le fumier seul.

*
* *

Pendant les années de sécheresse, on a pu constater que les vignobles fumés avec du fumier de ferme avaient peu souffert de la rareté des pluies.

Le fumier de ferme, très riche en azote, est la fumure par excellence de la vigne ; mais il remplit encore un autre rôle, qui est précieux sous un climat aussi sec que le nôtre : il conserve l'humidité, il assouplit nos sols compacts, il tient la terre ameublie. Pour peu qu'il tombe de l'eau, elle pénètre dans le sol et se trouve retenue par le fumier.

Les villages arabes sont encore entourés d'immenses dépôts de fumier, accumulés depuis de longues années. Nous avons, pour le moment, la bonne fortune de pouvoir nous procurer ce fumier à un prix qui varie entre 1 fr. 50 et 2 fr. le mètre cube, rendu dans les vignes, suivant la distance qui sépare les vignobles des villages indigènes.

C'est un prix exceptionnel et momentané ; plus tard, avec la concurrence des acheteurs et l'épuisement des dépôts, le prix augmentera sensiblement. Hâtons-nous donc de profiter de l'occasion, et fumons nos vignes ! On s'applaudira ensuite des résultats.

*
* *

Comme nous l'avons dit plus haut, le Congrès viticole de Montpellier a reconnu que si les feuilles, les sarments et les marcs pouvaient retourner intégralement au sol, la vigne n'aurait pas besoin de fumure. En effet, comme l'azote, l'acide phosphorique et la potasse n'existent dans le vin qu'à l'état de quantités négligeables, on peut dire que la production du vin n'enlève au sol aucun des éléments qui sont nécessaires à la vigne.

C'est à ce point de vue qu'il est très intéressant de suivre les essais qui ont lieu depuis longtemps pour la recherche d'un bon instrument qui permettrait de broyer les sarments sans trop de frais.

D'après les résultats obtenus dans les derniers Concours agricoles, il paraîtrait que ce problème a été résolu. Un M. Durand, constructeur-mécanicien dans le Gard, vient d'exposer au Concours des Champs-Elysées, de Paris, une machine qui a fonctionné avec un plein succès. Cet appareil est employé également chez un grand viticulteur du midi, à Saint-Laurent-d'Aigouze; il produit 9.000 kilos de sarments en dix heures de travail; le broyage coûte 1 fr. 50 par cent kilos. Si l'on ajoute à ce chiffre les frais de ramassage des sarments, qui sont en moyenne de 7 fr. par mille kilos, on arrive à une dépense totale de 2 fr. 20 les cent kilos.

Cette machine déchiquette les sarments et les transforme, en quelque sorte, en matière pailleuse.

Dans cet état, ils peuvent être utilisés, soit pour la fumure de la vigne, soit comme litière, et, dans ce dernier cas, ils sont excellents pour l'absorption du purin.

Les sarments broyés à l'état encore vert peuvent aussi être utilisés comme fourrage. Les chevaux et les mulets s'en accommodent volontiers, et les expériences qui en ont été faites sont concluantes.

Du moment que la machine à broyer les sarments est trouvée, qu'elle fonctionne dans des conditions pratiques et économiques, et que son débit est considérable, on peut dire que la viticulture est dotée d'une ressource nouvelle et précieuse comme engrais, litière ou fourrage.

***

Dans beaucoup de vignobles, on pratique une première taille en vert, dès le 15 octobre, de manière à pouvoir circuler dans la vigne avant les pluies, faire passer les charrues et commencer les façons.

Certains viticulteurs profitent de cette taille pour donner les rameaux coupés à manger à leurs troupeaux.

D'autres, et ils sont nombreux, rangent ces sarments en tas et, dès que les feuilles commencent à être sèches, y mettent le feu. Les feuilles flambent facilement et facilitent l'incinération des sarments, qui restent verts très longtemps. Lorsque le feu a accompli son œuvre, on ramasse les cendres avec soin, et on les répartit ensuite entre les pieds de vignes, pour que la charrue, en passant, puisse les enfouir.

C'est un engrais de premier ordre, car les cendres de sarments sont très riches en potasse, et la potasse est rangée le second parmi les trois éléments nécessaires à la végétation de la vigne. Il est connu depuis la plus haute antiquité, et Pline recommandait à ses contemporains de brûler les sarments et de les répandre dans les vignes.

« La cendre est un stimulant puissant, dit Ottavi; si on en mettait trop, on épuiserait promptement le sol. »

Il faut limiter l'application des cendres à cinq hectolitres par hectare et par an, ou bien vingt hectolitres tous les quatre ans, et ne jamais dépasser ces quantités.

VI

Maladies de la Vigne

La Tunisie est absolument indemne du phylloxera; les mesures de protection, consacrées par la loi qui a institué le Syndicat des Viticulteurs pour la Défense phylloxérique, ont permis de nous garantir contre l'invasion de ce terrible fléau qui désole la Sicile, notre voisine.

Tant que les barrières subsisteront pour s'opposer à l'entrée des végétaux provenant de pays contaminés, la Tunisie a de grandes chances d'échapper à l'invasion du phylloxera.

Les maladies acclimatées, auxquelles la vigne est sujette en Tunisie, sont l'*oïdium*, l'*anthracnose* et le *pero-*

nospora. Si le mal existe, les remèdes sont connus, et leur efficacité est établie.

*
* *

L'Oïdium se manifeste normalement par les temps humides, et surtout avec les brouillards qui viennent après les pluies du printemps. Sur tout le littoral, les attaques d'oïdium sont plus fréquentes qu'à l'intérieur; elles sont dues aux *embruns* de la mer. Dans ce cas, on est obligé de soufrer toutes les fois que la maladie apparaît. Loin du rivage, il suffit de procéder aux trois soufrages réguliers, l'un lorsque la pousse atteint une longueur de huit à dix centimètres, le second après la fleur, le dernier au début de la veraison.

Guidés par un esprit d'économie mal comprise, beaucoup de vignerons emploient des soufres impurs, appelés soufres d'Apt, soufres bitumineux, etc. Ces soufres coûtent, en effet, beaucoup moins cher que le soufre sublimé ou trituré; mais, en somme, on peut dire que le vigneron n'en a que pour son argent. On doit préférer, à toutes les diverses qualités de soufre, le *sublimé,* qui a la plus grande pureté, qui est le plus adhérent et qui, par suite de sa ténuité, peut être également réparti sur toute la surface de la vigne. Il serait dangereux, ici, d'employer les soufres précipités qui, par les soleils ardents de l'été, occasionneraient le grillage des feuilles.

On doit soufrer le matin de bonne heure, par un temps calme, avec la rosée si possible, et s'arrêter dès que le soleil devient ardent.

On se sert généralement de sabliers, mais ces instruments laissent échapper trop de soufre à la fois et le gaspillent.

Nous avons vu au Concours agricole d'Alger des soufreurs à balance, système Carbonel, simples et solides, avec lesquels on peut aller très vite, tout en économisant la matière.

Nous recommandons de mélanger au soufre sublimé un quart de chaux hydraulique en poudre impalpable, qui servira à deux fins : à fixer le soufre sur les feuilles et à combattre les manifestations de l'anthracnose.

L'oïdium est connu de tous les viticulteurs et en tous pays; il serait inutile d'en donner une description détaillée.

*
* *

L'Anthracnose est une maladie redoutable qu'il faut soigner préventivement, car il est très difficile de la faire disparaître une fois qu'elle s'est établie dans un vignoble. Nous avons vu, dans la plaine de Bône, des exemples terribles des dégâts que cause ce fléau à de nombreux vignobles.

L'anthracnose, qu'on appelle aussi « le charbon » ou « le noir », est un champignon qui attaque les ceps, les sarments, les bourgeons et les fruits; il creuse dans le bois de véritables chancres; il fait avorter les bourgeons; il arrête la maturité du fruit.

On prévient le mal et on arrive à le faire disparaître en badigeonnant les ceps, après la taille, avec un liquide formé de 100 litres d'eau, de 50 kilos de sulfate de fer et de 3 litres d'acide sulfurique. Lorsque le mal est invétéré, on donne deux badigeonnages, le premier en décembre avec dix litres d'acide sulfurique additionnés d'un hectolitre d'eau, et le second avec un mélange de 50 kilos de sulfate de fer et de 100 litres d'eau. Le vieux bois doit être badigeonné, aussi bien que le bois de l'année. On se sert généralement, pour cette opération, de pinceaux formés d'un bâton et de vieux chiffons; mais le liquide les corrode très vite, et les chiffons ont à chaque instant besoin d'être renouvelés. Ce n'est pas pratique; il est préférable de se servir de pulvérisateurs en verre, qui sont très commodes à tous les points de vue; le travail est fait plus rapidement, il est meilleur, et on use moins de liquide.

*
* *

Le PERONOSPORA ou MILDEW se manifeste rarement
en Tunisie ; il lui faut, pour se développer, des étés pluvieux, des plaines basses et humides. Le souffle du sirocco le fait disparaître.

Cette maladie, qui est due également à une crypto-
game, prend naissance dans les cellules de la feuille, la
traverse et forme sur la face intérieure une espèce d'ef-
florescence blanchâtre très reconnaissable et semblable
à un dépôt de sel, ou plutôt de sucre. Sous l'effet de ces
champignons, les feuilles se dessèchent, tombent et laissent le raisin se brûler au soleil.

On combat efficacement le *mildew* en pulvérisant
sur le feuillage de la vigne un mélange liquide composé
de 2 kilos de chaux grasse et de 3 kilos de sulfate de
cuivre, dissous dans un hectolitre d'eau. Quelques viticulteurs y ajoutent 2 kilos de mélasse pour maintenir
l'adhérence du liquide sur les feuilles.

*
* *

La vigne est encore sujette à d'autres affections, que
nous allons énumérer.

La CHLOROSE — fréquente dans les terres froides,
humides et argileuses. Les feuilles jaunissent, les ceps
dépérissent. On peut la prévenir en répandant à la volée,
dans les vignes, pendant l'hiver, 400 kilos de sulfate de
fer par hectare.

On traite le mal en arrosant les pieds avec une dissolution de 3 kilos de sulfate de fer par hectolitre.

Les fumures abondantes font disparaître la chlorose.

Le POURRIDIÉ — est produit par l'excès d'humidité
ou par la présence dans le sol d'anciennes racines de
buissons en décomposition. Dans le premier cas, il faut
assainir le terrain par des fossés d'écoulement ou des
drainages. Dans le second cas, il faut déterrer les pieds,

enlever les racines pourries et aérer la terre, infectée du champignon de la pourriture.

L'ERINEUM — produite par les piqûres d'un insecte qui dépose ses œufs sur les feuilles. Peu redoutable ; est guérie par les soufrages.

*
* *

Un ancien fonctionnaire du Ministère de l'Agriculture, M. TANNEUR, s'est bien trouvé du traitement de l'oïdium au moyen du sulfure de potassium.

Voici comment il opère :

Le sulfure de potassium, que tout le monde connaît et qui sert à préparer les bains sulfureux dits de Barèges, remplace avantageusement le soufre en poudre, dans le traitement de l'oïdium, est d'un emploi plus facile et coûte infiniment moins cher.

Il se dissout facilement dans l'eau chaude et forme une solution qui, projetée sur les feuilles de la vigne, y adhère fortement et dégage des vapeurs ou ondes odorantes qui agissent sur l'oïdium avec autant d'énergie que le soufre lui-même.

Par suite de son état absolument liquide, sans dépôts ni caillots, cette solution permet d'appliquer le traitement au moyen du pulvérisateur, lequel, faisant plus de travail que le soufflet, réduit considérablement la main-d'œuvre. D'autre part, l'application faite, un coup de vent ne peut l'enlever, comme cela arrive trop souvent avec le soufre.

Le sulfure de potassium coûte très bon marché ; on le trouve dans le commerce à raison de 70 centimes le kilogramme environ. Il en faut 100 grammes par 100 litres d'eau, et comme 300 litres environ suffisent pour le traitement d'un hectare, c'est donc une dépense de moins de 25 centimes. On comprend l'économie qui résulte de l'emploi de ce produit en remplacement du soufre, qui coûte 18 à 20 francs les 100 kilos, et dont il faut employer environ 30 kilos, soit une dépense de 6 francs pour faire la même surface.

Les opérations se font aux mêmes époques que les soufrages.

On a fait de nombreux essais pour réunir en un seul traitement les deux opérations du soufrage et du sulfatage. Ces essais ont été faits avec des poudres cupriques mélangées au soufre, ou avec les soufres sulfatés. Les résultats n'ont pas été concluants, et ces différentes préparations, appliquées au soufflet, ont l'inconvénient d'occasionner des maux d'yeux aux ouvriers qui les emploient.

Pour arriver au résultat cherché, nous avons eu l'idée de remplacer, dans la bouillie bordelaise, la chaux par du sulfure de potassium, et, malgré la réaction qui se produit, nous en avons obtenu d'excellents résultats.

Le sulfure de potassium remplace avantageusement la chaux comme fixateur sur les feuilles, et il semble que ses ondes odorantes servent de véhicule à l'action du sulfate de cuivre et lui permettent d'étendre plus loin ses bons effets.

Le sulfure de potassium et le sulfate de cuivre, mélangés en solution à leurs doses respectives, forment un traitement mixte d'une grande énergie qui double les applications de sulfure de potassium pur et permet le plus souvent de les supprimer ou du moins en partie.

On fait la solution du sulfate de cuivre au degré habituel et en quantité nécessaire; on y verse ensuite, après refroidissement, le sulfure de potassium, que l'on a fait dissoudre dans quelques litres d'eau chaude.

Depuis longtemps M. Tanneur se sert de cette méthode, et il en a toujours obtenu les meilleurs résultats.

Nous ne saurions trop engager les viticulteurs à en faire l'essai.

VII

Dépenses d'un Vignoble

Nous n'examinerons que le cas où la plantation aura été faite avec soin, sans qu'on ait économisé, mal à propos, sur les travaux qui doivent assurer la réussite et l'avenir de la vigne.

Défoncement, enlèvement des buissons et du chiendent, préparation du terrain. — Ces dépenses atteignent le chiffre de 1.100 francs en coteaux et 500 francs en plaine, si le travail est bien fait et si le défoncement est effectué jusqu'à une profondeur qui ne doit pas être inférieure à 45 centimètres; la moyenne est donc par hectare de . . . . Fr. 800 »

Sarments, plantation et entretien de la première année . . . . 350 »

Entretien de la seconde année . . . . 300 »

Entretien de la troisième année . . . . 350 »

Constructions et matériel vinaire . . . . 1.500 »

Frais généraux, intérêt, amortissement et imprévu . . . . 700 »

Ce sera donc, pour la période de création, une dépense totale, par hectare, de . . . . Fr. 4.000 »

A mesure que la vigne avance en âge, les frais d'entretien augmentent également. La taille coûte davantage, les traitements préventifs deviennent indispensables, les fumures sont nécessaires pour pousser à des productions abondantes, de telle sorte que les frais de culture annuels, pour une vigne en production, peuvent se décomposer ainsi :

Usure du matériel; main-d'œuvre : taille, façons, sou-

frages, badigeonnages, vendange et vinifica-
tion . . . . .Fr.   450   »

    Fumure: vingt mètres cubes par an   60   »

    Imprévus et frais généraux   40   »

                         TOTAL par hectare . . . .Fr.   550   »

L'expérience nous a démontré qu'il était impossible
de bien tenir un vignoble avec moins de frais.

Ces soins doivent assurer au vignoble un rendement
minimum de 80 hectolitres par hectare. De nombreux
exemples le démontrent. On voit que, même avec les prix
actuels, il peut encore rester quelque bénéfice.

Mais, nous le répétons, ces résultats ne peuvent être
atteints qu'avec une bonne plantation et une bonne culture. Nous connaissons de vieilles vignes pour lesquelles
on a limité la dépense d'entretien à 200 ou 250 francs
par hectare; elles rapportent en conséquence, c'est-à-dire
20 à 25 hectolitres à l'hectare, dont on ne tire que 8 à
10 francs l'hectolitre, parce que le vin est mal fait, par
le même principe d'économie mal entendue qui fait que
la vigne est mal cultivée.

II

VINIFICATION DES VINS ROUGES

Sommaire : Vendange. — Bâtiments vinaires. — Foulage et égrappage. — Fermentation. — Levures. — Soutirages.

I

La Vendange

Le vin a besoin d'un certain degré d'acidité qui lui donne, non seulement la couleur et la fraîcheur, mais qui contribue également à lui fournir les éléments d'une bonne conservation.

Les œnologues s'accordent à reconnaître que le moût doit posséder de 10 à 12 grammes d'acide tartrique par litre, mais que cette limite ne saurait être franchie sans nuire à la qualité du vin.

En conséquence, si on vendange trop tôt, avant que la maturité soit accomplie, le vin sera trop acide et manquera d'alcool.

Mais si on cueille trop tard et que le raisin commence à être figué, le vin, quoique riche en alcool, sera de qualité inférieure et d'une conservation douteuse, par suite de l'insuffisance d'acidité.

Il existe un petit appareil, appelé *acidimètre Bringuier,* qui donne le moyen simple et pratique de se rendre compte du degré d'acidité de la vendange.

En somme, il faut se tenir entre les deux points extrêmes, et on doit cueillir dès que la maturité est complète, sans attendre qu'elle devienne excessive.

Cazalis-Allut a très bien dit : « On ne fait pas de bon vin avec des raisins détériorés par la pourriture, et il est indispensable de vendanger pendant que les raisins sont sains.»

Voilà la vraie caractéristique de la vendange : *elle doit être saine.*

On compte qu'un ouvrier peut cueillir de cinq à six cents kilos de raisin dans sa journée.

On peut cueillir le raisin pendant toutes les heures de la journée, même avec le sirocco, à condition de le laisser exposé ensuite à l'air, pendant la nuit, de manière à ramener la température de la vendange à une limite qui ne dépasse pas 23 degrés ; cela vaudra mieux que d'user d'une pratique fâcheuse : celle de rafraîchir les raisins en leur versant de l'eau dessus. Un grand nombre de levures sont adhérentes à la peau du raisin ; elles constituent ce qu'on appelle la fleur qui couvre le fruit ; or, l'arrosage a pour effet de les détacher et prive ainsi la vendange d'un élément actif de la fermentation alcoolique. Dans le midi de la France, on fait la vendange dans des comportes ; cet instrument lourd et incommode est nécessaire pour recueillir le jus des raisins qui s'écrasent sous leur propre poids. En Tunisie, où cet inconvénient n'existe pas, parce que les raisins y sont fermes et résistants, il est préférable d'employer des corbeilles en osier écorcé, qui sont plus légères et plus maniables.

II

Les Bâtiments vinaires

Il ne faut pas établir de confusion entre *le cellier* et *la cave ;* le cellier est le bâtiment dans lequel on fait le vin, la cave est celui dans lequel on le conserve.

Nous savons bien qu'en général les viticulteurs se servent du même local, pour faire le vin d'abord, pour le soigner et le conserver ensuite. C'est regrettable, car la cuvaison donne naissance à un milieu bactériologique qui est malsain pour le vin, une fois qu'il est décuvé.

Dans un grand vignoble bien compris, on devrait avoir un cellier pour la fermentation de la vendange et une cave pour le dépôt du vin.

Les conditions de ces deux locaux sont, du reste, complètement différentes.

La cave doit avoir une température uniforme, été comme hiver ; elle doit donc être à l'abri des intempéries des saisons, et c'est pour cela que lorsqu'on peut la mettre sous terre, on est dans une situation avantageuse. En la creusant sur le flanc d'un coteau, dans lequel elle s'enfoncera, la cave sera isolée de la température extérieure, et la sortie des tonneaux aura lieu aisément par l'entrée qui ouvrira sur la vallée.

Le cellier, par contre, a besoin d'être éclairé et ventilé ; l'air et la lumière doivent avoir toutes les facilités pour circuler librement. De nombreuses ouvertures en haut et en bas sont nécessaires pour laisser échapper l'acide carbonique et pour donner entrée au vent. Le cellier doit être exposé au nord pour recevoir les vents frais ; il doit être adossé à un talus qui le couvrira du côté sud et le préservera du sirocco ; de larges ouvertures au nord, à l'est et à l'ouest créeront de puissants courants d'air. Le talus au sud servira, en outre, de chemin d'accès pour les charrettes de vendanges, qui pourront ainsi arriver au premier étage et décharger les raisins à la hauteur du plancher supérieur aux cuves.

Nous conseillons de ne pas planter d'arbres autour du cellier ; ils entraveraient l'action du vent, qui est nécessaire pour débarrasser le cellier des gaz délétères et des miasmes putrides produits par la fermentation.

Il faut surtout se garder d'enterrer le cellier ; cette situation, qui est excellente pour la cave, ne vaut rien pour le bâtiment affecté à la fermentation.

On sait que le moût ne fermente régulièrement qu'à la condition de ne pas franchir la limite de 30 à 32 degrés de chaleur dans son ensemble. Le problème est de s'y maintenir, alors que la température extérieure sera parfois de 40 degrés et au-dessus.

Quelques viticulteurs avaient pensé qu'ils pourraient obvier au danger de la chaleur extérieure en opérant dans une cave abritée complètement des influences de l'extérieur. L'inconvénient a été pire : la cave, qui était fraîche, est devenue un foyer de chaleur dès que l'opération de la fermentation a été dans son plein. De même que la chaleur extérieure ne pouvait pénétrer dans la cave, de même la chaleur produite par le dégagement de l'acide carbonique d'un grand nombre de cuves en travail n'a pu sortir du bâtiment et a élevé la température intérieure à un degré tel que la fermentation est restée incomplète.

Comme on le voit, le cellier a tout avantage à être établi dans un endroit élevé, exposé à tous les vents du nord, de l'est et de l'ouest, à l'exception du sirocco.

Et, en fait, il vaudrait encore mieux que le cellier fût balayé par le sirocco, plutôt que de n'avoir aucun courant d'air ; car, en somme, avec le sirocco, il est possible, en arrosant la cuve, le sol et les murs, de créer une évaporation d'eau, et, par suite, d'amener le rafraîchissement de la température.

Donc, l'action du vent est indispensable, et on doit se baser là-dessus pour établir ses installations. Nous avons vu, en Algérie, d'excellents vins qui avaient fermenté sous un simple hangar couvert en chaumes et ouvert de tous côtés, tandis que nous avons goûté des vins imparfaits fabriqués dans des caves closes.

L'idéal serait de construire le cellier sur un coteau et de creuser la cave au-dessous, de manière qu'au décuvage le liquide s'écoulerait naturellement du cellier dans la cave. Il existe à Bordj-Cédria, chez M. Potin, une installation qui est ainsi conçue et qui peut servir de modèle.

Rien ne devant obstruer la circulation de l'air, il conviendra que le plancher destiné à la réception et à la manutention de la vendange ne soit établi que dans la partie qui surplombe immédiatement les cuves, et que le reste du bâtiment soit libre depuis le sol jusqu'au toit. Un plancher plein, qui diviserait le cellier en deux parties, rez-de-chaussée et grenier, aurait de graves inconvénients, parce qu'il diminuerait le cube d'air du local et qu'il maintiendrait l'air chaud au niveau des cuves.

Le plancher qui sera disposé au-dessus des cuves devra être de plain-pied avec le chemin d'accès tracé sur le talus auquel le cellier sera adossé. Pour rendre le transport et la manutention faciles et économiques, il sera avantageux d'avoir un petit chemin de fer Decauville, pour que les wagonnets plats puissent prendre les paniers de vendange à la charrette même et les amener devant les trous pratiqués dans le plancher au-dessus de chaque cuve.

La toiture devra être élevée autant que possible et munie de lanterneaux pour le renouvellement de l'air.

Les cuves étant placées à un mètre au-dessus du sol et ayant une hauteur de 2^m 50 seulement, ainsi que nous l'expliquerons plus loin, il sera utile de laisser un intervalle de 2 mètres entre l'ouverture des cuves et le plancher au-dessus, pour que la vendange, en sortant du fouloir, ait le temps de s'aérer pendant sa chute, avant d'entrer dans la cuve : les expériences de M. Pasteur ayant démontré que le concours de l'oxigène était nécessaire au développement et à la multiplication de la vie cellulaire des ferments.

Cette théorie a été admise par les œnologues ; des expériences concluantes ont donné la preuve définitive que l'aération du moût était un des moyens les meilleurs pour activer et achever la fermentation.

La hauteur entre le plancher et la naissance du toit devra être de 2 mètres au moins, afin que les ouvriers puissent circuler sans être gênés.

De telle sorte que la hauteur totale du cellier, sous les fermes de la toiture, sera de 7^{m}50 au minimum.

Si nous avons plus haut parlé de cuves et non de foudres, c'est que la logique exige qu'on emploie exclusivement les premières pour la fermentation, les foudres devant être réservés pour le logement du vin. Les expériences de M. Pasteur ayant constaté la nécessité d'aérer le moût, les foudres et les cuves fermées n'ont plus de raison d'être. Ainsi donc, les cuves seront entièrement ouvertes et auront peu d'élévation, car on a remarqué que la température du moût était d'autant plus élevée que l'épaisseur de la vendange était plus grande *et que le dégagement de l'acide carbonique était moins facile.* Nous insistons beaucoup sur ce point, que nous avons eu maintes fois l'occasion de vérifier nous-même. Nous croyons donc que la hauteur de 2^{m}50 est le maximum de ce qu'on peut donner aux cuves, en comptant naturellement que la masse de la vendange à l'intérieur ne dépassera pas 1^{m}80. Quant aux dimensions en longueur et en largeur, elles n'ont pas d'importance, et on peut les étendre à volonté pour augmenter la capacité de la cuve, qui peut être ronde ou carrée, au choix du propriétaire.

La cuve en maçonnerie est toute indiquée, parce qu'elle coûte très bon marché et qu'elle est du même usage que le bois pour la fermentation ; seulement, au lieu d'un enduit en ciment, qui pourrait être attaqué par les acides du vin, nous conseillons l'emploi, à l'intérieur, de carreaux en verre qui suppriment la porosité du ciment et qui sont très commodes pour le nettoyage.

III

Foulage et Égrappage

Le foulage du raisin, avant la mise en cuve, est nécessaire, surtout dans ce pays, où la peau du raisin est résistante. D'autre part, cette pratique aère la vendange et active la fermentation. Enfin, le foulage favorise la dissolution de la matière colorante, localisée sous l'épiderme de la peau du raisin. Ce sont là des raisons majeures, qu'on ne saurait méconnaître.

Nous rappellerons, pour mémoire, qu'une cuve doit être remplie dans la même journée. Cette mesure est absolument indispensable.

Après avoir été longtemps controversée, l'utilité de l'égrappage semble avoir aujourd'hui prévalu. Il est depuis longtemps reconnu que l'égrappage a pour effet d'utiliser complètement la matière sucrée du moût, en supprimant l'absorption d'une partie de l'alcool par la rafle ; c'est, du reste, la raison par laquelle le vin tiré en blanc, et par suite égrappé, est toujours supérieur d'un degré environ, comme alcool, au même vin tiré en rouge et fermenté avec sa grappe.

L'égrappage a d'autres avantages ; il élimine les raisins desséchés, pourris, ainsi que la terre et les feuilles. C'est, en définitive, un triage réel qui fait que les vins égrappés contiennent moins de lies. L'égrappage, en outre, rejette les germes nuisibles qui se trouvent sur la rafle et qui proviennent des moisissures ou des spores déposées par les attaques des maladies cryptogamiques.

On reprochait autrefois à l'égrappage de priver le vin d'acidité et de tanin, qui sont des éléments constitutifs du vin, parce qu'on croyait que la grappe en contenait en abondance. C'était une erreur ; d'une part, l'acidité moyenne de la grappe n'atteint pas la moitié de celle du moût, et l'eau, que la rafle contient en abondance, est souvent cause de l'appauvrissement de l'acidité du vin. D'autre part, la grappe contient peu de tanin ; elle est riche surtout en principes amers et astringents, qu'on avait confondus avec le tanin. Celui-ci existe dans la pellicule et surtout dans les pépins, qui en recèlent cinq ou six fois plus que le vin n'en a besoin.

Du reste, on s'exagère l'action bienfaisante du tanin.

Comme le dit M. Coste-Floret dans son remarquable traité de vinification : *Il y a de gros vins, très riches en tanin, qui s'altèrent facilement, tandis que d'autres, peu tanisés, se conservent très bien.*

Il faut remarquer encore que l'excès de tanin donne un goût astringent, désagréable, et que son effet est fatigant pour la digestion, surtout dans les pays chauds. C'est peut-être au tanin qu'il faut attribuer les désordres que notre vin rouge cause quelquefois à des estomacs délicats, pendant les chaleurs extrêmes du milieu de l'été.

En somme, comme l'a si bien exprimé M. Bouffard, professeur à l'École d'Agriculture de Montpellier : *La rafle n'apporte au vin ni alcool ni couleur ; elle enlève, au contraire, par imbibition, une petite quantité de ces substances.*

Nous espérons que toutes ces considérations engageront nos lecteurs à pratiquer l'égrappage.

Il ne manque pas d'instruments aptes à pratiquer ce travail, et nous signalerons, parmi eux, celui de M. Gaillot, de Beaune. Il est indispensable, pour obtenir la vitesse voulue de cent vingt à cent cinquante tours à la minute, de faire tourner l'égrappoir au moyen d'un manège ou d'une locomobile, s'il s'en trouve sur le domaine. En se servant du bras de l'homme, le mouvement est pénible et surtout trop lent, et beaucoup de raisins sont rejetés avec la rafle. Il n'y a qu'une grande vitesse qui permette d'opérer un travail convenable.

Lorsque le raisin est mis en cuve, il se forme un *chapeau,* composé des matières solides, qui remonte à la surface du liquide et y est tenu suspendu par l'acide carbonique pendant toute la durée de la fermentation. Ce chapeau étant susceptible de s'aigrir au contact de l'air et de communiquer son acescence au moût, il était nécessaire de brasser périodiquement la vendange dans la cuve, en enfonçant le chapeau avec des fouloirs en bois. On a imaginé, dans ces derniers temps, de tenir le chapeau submergé dans le moût, au moyen de claies, de filets ou de couvercles en bois percés de trous et maintenus dans l'intérieur de la cuve. C'est le système le plus commode et le plus sûr pour éviter des accidents, et c'est celui qui a remplacé le foulage du chapeau.

IV

Fermentation des Vins rouges

Le ferment alcoolique a de nombreux congénères nuisibles qui ne demandent qu'à vivre et à se multiplier. Il faut donc organiser le ferment vinaire pour qu'il accapare la fermentation du moût et qu'il empêche les autres ferments de se développer.

Au-dessous d'une température de 30 degrés et au-dessus de 20, les ferments alcooliques sont en pleine activité, ils jouissent de toute leur vitalité, tandis que les ferments nuisibles restent endormis et ne peuvent agir et se développer qu'avec une température supérieure.

A partir de 25 degrés, l'énergie des ferments alcooliques commence à faiblir, tandis que les autres se multiplient et prennent de l'importance.

A 40 degrés, les ferments vinaires sont paralysés, et le sucre qui reste dans le moût n'arrive plus à se transformer en alcool.

C'est à cet accident qu'il faut attribuer la douceur que gardent certains vins.

On ne doit pas redouter la fermentation tumultueuse, à condition de maintenir la température du moût au-dessous de 35 degrés. L'action rapide du ferment vinaire hâtera la transformation de l'alcool et paralysera l'action des ferments nuisibles, d'autant plus que, d'après les observations de M. le docteur Loir, ces derniers ne commencent à se développer qu'après trois ou quatre jours de cuvaison.

M. Paul, dans son intéressant traité de vinification, est également d'avis que les fermentations courtes sont indispensables à une bonne vinification. Olivier de Serres l'avait pressenti en écrivant qu'à mesure qu'on descendait dans le sud, la durée de la fermentation devait être plus courte. C'est aussi l'avis de M. Rivière et de la plupart des viticulteurs algériens. A Staouéli, le cuvage dure soixante heures au maximum, et cela d'après l'opinion de l'illustre M. Pasteur, qui déclare qu'en quarante-huit heures la partie liquide a pris aux matières solides tout ce qu'il lui faut pour avoir une bonne constitution. Cazalis-Allut et Coste-Floret s'élèvent aussi contre les cuvaisons prolongées. Quant au docteur Guyot, il est très sévère pour le vin de macération, *qui n'emprunte, par un contact prolongé avec le marc, que des excès de tanin, de sels, d'amidon, de matières azotées et de matières colorantes, qui constituent des défauts et des vices.*

Nous avons eu nous-même l'occasion de constater que les vins macérés, c'est-à-dire ayant fermenté lentement et étant restés longtemps dans la cuve, avaient pris un ton bleuâtre qui tournait au jaune après un an ou deux, tandis que des vins faits au bout de deux ou trois jours de fermentation possédaient la couleur d'un beau rouge, vif et persistant.

M. Coste-Floret a constaté une différence de dix degrés

de chaleur entre le moût du fond et la couche supérieure. C'est ce qui explique l'avantage du remontage du moût pour unifier la température et activer les fermentations paresseuses, puisque l'oxygénation du moût non seulement active la vie des cellules et favorise la fermentation alcoolique, mais encore elle empêche le ferment butyrique, et la plupart des ferments parasites qui causent plus tard les maladies des vins, d'accomplir leur œuvre malfaisante.

Tout le monde sait, et l'on vient de le rééditer dans un article de journal destiné à rester tristement célèbre dans les annales de la viticulture africaine, que la difficulté de la vinification dans nos climats tenait à l'époque à laquelle se faisaient les vendanges, époque qui coïncidait avec le moment le plus chaud de l'été.

Mais le problème, qui est de fermenter rapidement sans dépasser 35 degrés, est aujourd'hui connu, et les œnologues en ont trouvé la solution.

On y parvient généralement par la ventilation de la cave et surtout par le remontage du moût ; c'est-à-dire que dès que la fermentation devient active, on ouvre le robinet du bas de la cuve et on fait couler le moût dans un baquet ; on le reprend au moyen d'une pompe et on le rejette sur la vendange par le haut de la cuve. Le liquide du bas de la cuve étant moins chaud que celui du dessus, et se refroidissant encore en sortant de la cuve, arrive à abaisser la température du moût supérieur et à répartir le ferment alcoolique dans tout l'ensemble du moût.

*
* *

Un moyen encore plus efficace, et surtout plus rapide, est de refroidir le moût au moyen de réfrigérants, tels que ceux dont on se sert dans les brasseries.

Celui qu'a imaginé depuis plusieurs années M. Brame, de Fouka, réalise tous les souhaits des viticulteurs, et l'on peut affirmer, car l'expérience a été faite et contrôlée;

que son appareil a résolu le problème longtemps redouté de la vinification dans les pays chauds.

M. Brame se sert de cuves en maçonnerie largement ouvertes, d'une contenance de 300 hectolitres, donnant au soutirage 150 hectolitres de vin. Il opère sa fermentation dans le plus court délai possible.

Voici comment il décrit son opération :

« Chacun a pu constater que, généralement vingt-quatre heures après le remplissage complet d'une cuve, la température du moût atteint 35 degrés et souvent plus. C'est le moment d'opérer la réfrigération.

« A cet effet, l'appareil est mis en communication par sa partie inférieure avec le robinet de vidange de la cuve. La partie supérieure est adaptée au tuyau d'aspiration d'une pompe ; l'eau, employée à 22 degrés environ, vient arroser les tubes du réfrigérant.

« Le moût traversant l'appareil mis en action est remonté au moyen d'une pompe d'un débit de 50 hectolitres à l'heure, et déversé sur la surface de la cuve.

« Au moyen d'un dispositif très simple, qui consiste en trois rigoles de bois communiquant entre elles, et échancrées de distance en distance, le moût se divise également sur toute la surface de la cuve.

« Il est aisé de concevoir qu'avec l'emploi des foudres ce dispositif ne peut être adopté. De plus, l'oxigénation du moût refroidi devient presque nulle, car l'acide carbonique produit par la fermentation emplit complètement la partie supérieure du foudre, et le moût déversé à la sortie du réfrigérant n'a pas reçu le contact de l'air.

« On constatera que, dans ces conditions, le moût, au sortir de l'appareil, a subi un abaissement notable de température qui varie en raison du débit de la pompe et oscille autour de 30 degrés. Cet abaissement de température, auquel viennent de participer successivement toutes les parties du moût, régénère le ferment et lui permet de continuer son rôle actif.

« Pendant cinq heures consécutives, le moût est ainsi remonté au moyen de la pompe.

« En supposant un débit de 50 hectolitres à l'heure, le moût contenu dans la cuve a donc traversé deux fois l'appareil.

« Il n'a jamais été nécessaire de renouveler l'opération.

« En suivant ces données, on remarquera que la fermentation, ralentie par l'excès de chaleur produite, reprendra une nouvelle activité et que, douze heures environ après le travail de réfrigération, le sucre aura totalement disparu.

« On peut alors soutirer et opérer le pressurage pour faire place à une nouvelle charge de vendange.

« Le vin, dont la fermentation a été ainsi intégralement complète, ne tarde pas à s'éclaircir : la lie, n'étant plus tenue en suspension par l'acide carbonique, se précipite rapidement.

« Toute la théorie de la fermentation intégrale des moûts par réfrigération se résume en quelques mots :

« Soustraire, ne fût-ce que pendant quelques instants, au moment où la température élevée paralyse l'action du ferment, le moût à cette haute température, de manière à rendre au ferment une nouvelle énergie et lui permettre d'achever ainsi, le plus rapidement possible, la transformation en alcool du sucre non encore réduit.

« La quantité d'eau nécessitée est approximativement de 70 % de la quantité du moût à mettre en œuvre. Elle peut varier en raison de son degré thermométrique.

« La même eau peut servir indéfiniment ; il suffirait, à cet effet, de la renvoyer, au sortir de l'appareil, soit dans un réservoir souterrain, soit même dans le puits. Après peu de temps, elle pourrait de nouveau être utilisée. Les industriels qui emploient d'énormes quantités d'eau pour les grands moteurs à vapeur envoient sur des clayonnages l'eau des condenseurs. Cette eau retombe en pluie et retourne se refroidir dans le puits, pour être utilisée à nouveau.»

M. Brame a donné ses indications à M. Fournier, constructeur à l'Agha (Alger), pour lui faire fabriquer des appareils semblables à celui dont il se sert; le prix en est relativement peu élevé.

Nous avons vu fonctionner l'appareil Brame en Algérie, et nous sommes convaincu de la supériorité de son système. Il en existe au moins un, en Tunisie, au domaine de Bordj-Cédria, où les viticulteurs pourront avoir des renseignements qui les édifieront.

*
* *

Nous ne pouvons pas terminer ce chapitre de la fermentation sans parler du système Toutée, qui a fait presque autant de bruit dans la presse agricole que le fameux *Polygonum Sakhalinense*.

M. Toutée se sert de cuves en tôle, émaillées, dans le but d'avoir une enveloppe qui puisse se refroidir rapidement. M. Toutée avoue qu'il a dû tâtonner pour trouver un émail qui ne contienne pas de réactif alcalin. Je ne sais s'il a réussi à se procurer un enduit meilleur que le premier dont il s'est servi, mais il paraît qu'à son premier essai, l'émail s'est craquelé et boursouflé, et qu'il en a éprouvé du désagrément. Aujourd'hui, il se déclare satisfait, et je l'en félicite.

Quoi qu'il en soit, je ne crois pas que la surface de sa cuve en métal soit assez développée pour agir sur toute la masse du moùt, et je pense qu'il sera obligé, tout de même, de recourir au remontage du liquide ou aux réfrigérants.

Ce qu'il y a de certain, c'est que ces cuves coûtent à peu près aussi cher que le bois et ne peuvent le remplacer comme logement améliorant le vin.

Pour se prononcer définitivement sur la valeur de la découverte de M. Toutée, il convient d'attendre qu'il ait fait ses preuves, ainsi que l'a fait l'appareil si simple et si économique de M. Brame. Il serait puéril, autant que dangereux, d'engager les viticulteurs à remanier tout leur outillage pour des avantages encore problématiques.

V

Levures sélectionnées

Dans ces dernières années, nous avons vu que les savants recherchaient le moyen d'améliorer les moûts par l'introduction des levures pures sélectionnées, provenant des grands crus de France. L'expérience a démontré qu'il fallait renoncer à se procurer, par ce moyen, le bouquet et la saveur des vins de grande marque; mais ces travaux scientifiques ont abouti cependant à ce résultat remarquable, qu'en apportant au moût un contingent de ferments actifs, les levures sélectionnées assuraient la rapidité et la régularité des fermentations, suppléaient, lorsqu'il en est besoin, à l'insuffisance des ferments vinaires, éliminaient les ferments nuisibles au vin, transformaient complètement *tout* le sucre en alcool et, par suite, augmentaient la richesse alcoolique du vin.

Du moment qu'il était reconnu que l'espoir de transmettre le bouquet et le goût était une chimère, il devenait inutile de faire venir des levures pures sélectionnées de Bourgogne, de Bordeaux ou de Champagne, qui pouvaient s'altérer en route et coûtaient assez cher; il était plus simple de rechercher, dans les levures indigènes, celles qui étaient les plus favorables pour la fermentation.

C'est ce que le docteur Loir, le directeur de notre Laboratoire de Vinification, s'est occupé de faire cette année, et nous voyons, d'après les résultats obtenus chez quelques amis, qu'il y a pleinement réussi.

Ainsi qu'on pouvait l'espérer, la fermentation a été plus régulière, plus courte, et le degré d'alcool plus élevé.

Les fabricants de levures prétendent qu'il faut en employer un litre pour dix hectolitres de vendange. C'est possible, si l'on envisage que ces industriels, en prévision des commandes, sont obligés de préparer leurs levures plusieurs mois d'avance, et que lorsque les bidons qui les contiennent arrivent à destination, une grande partie des ferments peuvent être morts ou avariés.

Avec des levures fraîches, préparées sur place, une quantité bien moindre suffit.

D'après les expériences faites dans un vignoble du Cap Bon, trente centilitres de levure ont suffi pour ensemencer cent hectolitres de vendange.

Voici la manière d'opérer : on remplit un grand baquet de 100 à 150 litres de moût, et on y verse les levures. Au bout de vingt-quatre à quarante-huit heures, ce levain est en pleine fermentation. On le répand alors par couches sur la vendange, au moment de sa mise en cuve.

Comparativement avec les autres cuves, la vendange ensemencée de levure a eu une fermentation plus rapide, plus régulière ; le vin a eu une plus belle couleur, a été plus vite éclairci et a été plus riche en alcool.

M. le docteur Loir s'organise pour être prêt, l'an prochain, à satisfaire aux demandes des viticulteurs. On ne tardera donc pas à bénéficier de l'idée si heureuse d'avoir créé un Laboratoire de Vinification à Tunis.

VI

Soutirages

Quand la fermentation a cessé, le vin, encore trouble, tend à s'éclaircir par le dépôt des matières qu'il tient en suspension ; ce dépôt forme la lie. *Il est très important de séparer la lie du vin clair ;* si elle restait en contact avec lui, elle pourrait le troubler en remontant dans la masse liquide sous l'influence d'un changement brusque de la température et d'une variation subite de la pression barométrique.

C'est pour éviter ces inconvénients, qui peuvent avoir des conséquences fâcheuses pour la conservation et surtout pour la qualité du vin, qu'il convient d'exécuter des soutirages mensuels pendant trois ou quatre mois. Ces soutirages doivent se faire, autant que possible, par un temps sec et froid, de préférence avec le vent du nord.

En procédant en temps utile et de cette façon au soutirage, on sépare le vin des germes de maladies qui se sont précipités dans les lies.

Ces précautions sont de toute nécessité dans nos climats, où les brusques variations de température sont si fréquentes; et, à l'appui de ce qui précède, nous allons citer un fait dont nous avons été témoin. Un propriétaire de vignes dans ce pays, habitant Paris, avait donné l'ordre à son gérant de laisser une partie de ses vins tranquilles pendant l'hiver; on lui avait dit que la lie nourrissait le vin et développait son parfum. Il voulut essayer au moins sur quelques foudres, et défendit de les soutirer. Au bout de deux mois, et sous l'influence de quelques coups de sirocco qui avaient mis les lies en mouvement, le vin était en train de se piquer. Heureusement qu'on s'en aperçut à temps et qu'on put y remédier en faisant griller du blé qu'on introduisit, brûlant et renfermé dans un sac de toile, au milieu des foudres. Dans ce cas, la quantité de froment doit être de 60 grammes par hectolitre de vin.

Comme on le voit, les soutirages fréquents sont de la plus grande importance. On fera bien de les pratiquer une fois par mois, jusqu'à ce qu'il n'y ait plus de dépôts. Ce précepte n'est pas nouveau; dans l'antiquité, les auteurs déclaraient qu'il fallait soutirer souvent le vin, parce que, sous l'influence de la chaleur, les dépôts se

troublaient et aigrissaient le liquide : *Quoniam super-
veniente œstatis calore, solent fœces subverti ac ita
vina acescere.*

III

VINIFICATIONS SPÉCIALES

I

Vins blancs

On peut faire du vin blanc avec des raisins rouges,
comme avec des raisins blancs.

Avec des raisins rouges, on égrappe et on verse les
grains écrasés dans le pressoir, en ayant soin de presser
très légèrement et de s'arrêter dès que la matière colorante apparaît.

Avec les raisins blancs, il faut avoir le soin de ramas-
ser *très mûr*. L'égrappage est encore nécessaire, de
même que le foulage de la vendange. On presse et on
recueille le liquide dans des tonneaux qui n'auront pas
contenu du vin rouge.

La fermentation s'opère mieux dans des tonneaux que
dans des foudres; en tout cas, si on se sert de ces derniers, on devra préférer les petits foudres de vingt-cinq
hectos.

Lorsque les tonneaux et les foudres sont complètement
remplis, la bonde doit rester ouverte, afin que l'écume
puisse s'échapper. C'est nécessaire pour la bonne qualité du vin.

Quand la fermentation tumultueuse est finie, on soutire dans des vases vinaires bien propres, bien mèchés,
et on couvre la bonde avec une feuille de vigne ou un
linge, jusqu'à ce que la seconde fermentation soit accomplie.

On soutire ensuite, et on répète fréquemment les soutirages pendant six mois.

Comme on le voit, la fabrication du vin blanc est simple et facile.

II

Vins muscats

Le succès éclatant des vins muscats de Tunisie à l'Exposition de 1889 a mis à la mode cet excellent vin. La faveur dont il jouit parmi les consommateurs parisiens a engagé beaucoup de nos colons à planter des cépages muscats et à se livrer à la fabrication de ces vins de dessert.

La fabrication de ces vins donne lieu à des manutentions délicates et multipliées.

Le raisin, avant d'être mis sous le pressoir, doit être égrappé avec soin, si l'on veut que le vin ait de la finesse. Comme il s'agit de faire un vin de liqueur, le raisin sera ramassé dans un état de maturité très avancée.

Le mutage doit avoir lieu par petites quantités, afin d'éviter la plus petite manifestation de fermentation; c'est-à-dire que lorsque le jus coule du pressoir, l'alcool doit être mélangé au fur et à mesure du remplissage des fûts, dans une proportion et par quantité de 20 litres d'alcool pour 100 litres de jus.

Les soutirages doivent être très fréquents, surtout dans les débuts, afin d'opérer au plus tôt un mélange intime d'alcool et de vin, et d'éviter ainsi l'évaporation du premier; malgré ces soins, on ne peut empêcher une certaine déperdition, et, au moment de l'expédition, après trois ou quatre mois de soins attentifs et de soutirages constants, le titre d'alcool qui était de 18 à 19 degrés, descend à 15 degrés en moyenne.

CHAPITRE V

CULTURES ET PROCÉDÉS DIVERS

I

L'Apiculture

Depuis quelque temps déjà, l'apiculture est en honneur chez nos compatriotes d'Algérie. Il existe maintenant à Alger une Société d'Apiculteurs dont les adhérents sont nombreux. Cette Société, qui a été formée par l'élite de la Colonie, possède un Bulletin dans lequel elle prône chaque mois l'élevage des abeilles et en fait ressortir les avantages multiples.

L'abeille mérite, en effet, d'être appréciée à divers points de vue ; en dehors des revenus directs qu'elle procure par sa production de miel et de cire, l'abeille remplit dans la nature un rôle élevé et bienfaisant qui se fait ressentir dans toutes les branches de l'agriculture. C'est l'agent le plus actif et le plus régulier de la fécondation des fleurs ; son rôle est bien connu, et Chateaubriand a pu dire avec raison que « l'abeille était l'avant-garde du laboureur ».

Partout où abonde l'abeille, l'agriculture est plus prospère qu'ailleurs, les récoltes plus régulières, plus abondantes.

C'est en visitant les fleurs que les abeilles charrient le pollen fécondant, d'un végétal sur l'autre, et assurent ainsi leur bonne germination.

On a calculé qu'une abeille visitait en moyenne deux cent cinquante fleurs par heure. Or, une abeille butine pendant huit heures environ par jour, et chaque ruche compte au moins quarante mille abeilles ; on peut juger par là du nombre de fleurs fécondées chaque jour dans le voisinage d'une ruche.

On a remarqué, en Normandie, que partout où les abeilles disparaissaient, les pommiers, bien que chargés de fleurs, ne portaient plus de fruits. Dès que les ruches étaient rétablies, ces mêmes arbres recommençaient à donner des pommes.

En Australie, les colons ne pouvaient obtenir de graines de leurs trèfles ; ayant eu l'idée de créer des ruchers et d'y amener des abeilles, leurs trèfles produisirent des graines abondantes.

En Californie, où la culture des arbres à fruit a pris une importance considérable, il n'y a jamais de vergers sans ruches d'abeilles.

Enfin, Darwin s'est livré sur ce sujet à des expériences concluantes qui ont été répétées pendant plusieurs années ; après avoir semé aux alentours d'un rucher divers végétaux tels que céréales, trèfle et colza, il enveloppait de gaze certaines touffes. A l'époque de la maturité, les plantes découvertes et, par conséquent, visitées par les abeilles avaient leurs graines plus grosses et deux fois plus abondantes que celles qui avaient été mises à l'abri des mouches à miel, et dont les fleurs avaient souvent avorté.

Cette expérience a été renouvelée sur des arbres fruitiers et a donné des résultats encore plus concluants.

Non seulement l'abeille n'attaque pas les fruits sains, qu'elle est incapable d'entamer par suite de la conformation de ses mandibules, mais elle s'oppose à la multiplication des insectes nuisibles, dont elle fait tomber les œufs en butinant au milieu des fleurs.

En considération de ce rôle éminent que l'abeille joue dans l'agriculture, de nombreux gouvernements n'ont pas hésité à encourager l'apiculture et à la soutenir par des sacrifices constants. L'Allemagne alloue des subventions annuelles à toutes ses associations d'apiculteurs ; elle crée des ruchers dans ses écoles normales, et elle borde ses routes d'arbres à fleurs mellifères.

Les États-Unis ont fait plus encore : des millions ont été consacrés à établir des ruchers dans toutes les régions riches en fleurs.

En Afrique, où abondent les plantes, arbustes et arbres aromatiques (parmi ces derniers il faut comprendre l'eucalyptus, dont les abeilles recherchent les fleurs), l'apiculture est assurée du succès.

L'élevage des abeilles demande peu de travail et peu de dépenses ; l'installation d'une ruche, en comptant l'habitation et les habitants, coûte environ 10 francs ; elle peut rapporter 20 francs de miel par an, et, à la fin de l'année, elle procure des abeilles pour garnir deux ruches.

On voit combien l'expérience est tentante : les risques sont à peu près nuls et les éventualités de bénéfices considérables. Aussi, aimons-nous à croire que nos colons tunisiens ne tarderont pas à imiter leurs voisins, et que l'apiculture jouira en Tunisie de la même faveur qu'en Algérie.

II

Le Caroubier

L'éloge du caroubier n'est plus à faire. Il y a déjà longtemps que M. de Gasparin a signalé les services que cet arbre pourrait rendre en Afrique. Tous les livres agricoles vantent ses qualités de rusticité et de production abondante; le caroubier jouit d'une longévité de plusieurs siècles; son bois est excellent; ses fruits constituent une nourriture de premier ordre pour les animaux. Comme valeur fourragère, un quintal de caroubes équivaut à quatre quintaux de maïs vert. Son feuillage épais est un abri tutélaire contre le soleil pour les gens et les bêtes.

Nul pays n'est plus favorable à la végétation du caroubier que l'Afrique du Nord : le nombre et la beauté des caroubiers à l'état sauvage qui existent en Tunisie le démontrent surabondamment.

Et cependant, ceux de nos colons d'Algérie ou de Tunisie qui ont planté des caroubiers sont encore bien peu nombreux. On ne saurait trop regretter l'ignorance ou l'incurie qui sont causes de l'abandon de cette culture, qui pourrait être certainement la plus profitable de toutes parmi les cultures des arbres fruitiers. Cet arbre, cultivé sur une grande échelle dans les îles Baléares, la Syrie et les îles de l'Archipel, produit un fruit recherché pour la nourriture des bêtes de somme; il sert à l'alimentation de l'homme; on l'utilise aussi dans la confiserie et dans la pharmacie; enfin, on en extrait une bonne eau-de-vie. Mais c'est surtout pour l'engraissement des bœufs et porcs que le fruit du caroubier est utile.

Le duc d'Ayen, dans un mémoire qu'il a lu à la Société centrale d'Agriculture de France, a fait ressortir l'importance de la quantité de sucre que contiennent les caroubes, et c'est à juste titre qu'il a pu dire que la caroube pouvait rendre en Algérie les mêmes services que la betterave en France.

En Russie, en Sardaigne et en Espagne, on importe une grande quantité de caroubes qui servent d'aliments aux gens du peuple.

La France, l'Angleterre et l'Allemagne en consomment des quantités en quelque sorte illimitées pour l'engraissement du bétail et la nourriture des chevaux et des mulets.

L'ile de Chypre en exporte en Europe pour plus de cinq millions de kilogrammes par an.

Quant à la Syrie, elle en expédie chaque année une moyenne de vingt millions de kilos.

C'est avec raison qu'on a appelé le caroubier « *le roi des végétaux africains* ». M. Dubreuil, l'arboriculteur bien connu, a vu en Espagne plusieurs de ces arbres qui donnaient jusqu'à 1.300 kilos de caroubes par an.

Le caroubier pousse dans tous les terrains, même caillouteux, secs et arides. Les vents brûlants sont sans influence sur lui ; il résiste à toutes les intempéries et ne craint pas la sécheresse. Dans tout le nord de l'Afrique, il croît spontanément avec vigueur et forme des arbres superbes au milieu des rochers, dans les terrains en pente et à toutes les altitudes.

On croit généralement que sa croissance est lente ; mais cela dépend des conditions dans lesquelles se trouve l'arbre. Son évolution est longue, en effet, lorsqu'on le plante dans les terres rocheuses, arides et sèches, et qu'on ne le cultive pas ; mais lorsqu'on le place dans des terres fraîches et profondes, lorsqu'on a la précaution de le soigner comme on a l'habitude de le faire pour les amandiers et les oliviers, son développement est aussi rapide que celui de ces derniers. En effet, le caroubier donne des récoltes appréciables au bout de dix ans, dont deux de semis, quatre de pépinière et quatre de transplantation. Sa production varie suivant les années; mais, à Bougie, on compte une année d'abondance contre une année passable. Il est donc plus régulier que l'olivier, qui généralement, sur trois années, en compte une bonne, une passable et une mauvaise.

Le caroubier a sur l'olivier un autre avantage : le ramassage de ses fruits est plus facile et moins coûteux.

Les semis doivent être faits en février. Préalablement, il est bon de faire ramollir les graines en les trempant pendant plusieurs jours dans un baquet d'eau. Quand le germe se fait apparent, on procède aux semis. Le terrain choisi doit être compact et peu défoncé, 30 centimètres au maximum, afin que le fond soit imperméable et offre un obstacle aux pivots du caroubier. Dans le cas contraire, les racines, en s'enfonçant, offriraient des difficultés d'arrachement.

Il faut avoir soin de ne donner l'eau aux semis qu'avec la pomme de l'arrosoir. Généralement, les grains lèvent et montrent leurs cotylédons au bout de quinze jours.

Au bout de deux ans, les plants ont atteint plus d'un mètre et sont bons à être repiqués en pépinière, opération qui doit également être faite en février. On prépare les plants en rabattant la tige à 30 centimètres au-dessus du collet et le pivot à 25 au-dessous. Les plants sont mis en pépinière, la terre étant labourée peu profondément et les lignes espacées de 20 centimètres ; les plants seront peu serrés et enterrés à 5 centimètres au-dessus du collet.

Après deux ans de pépinière, on doit greffer les sujets, opération indispensable pour avoir des fruits utilisables ; après deux autres années, pendant lesquelles on aura soin d'ébourgeonner, il faudra s'occuper de la mise en place définitive.

Pour cela, on doit choisir des sols profonds, frais ou irrigables. On se trouvera bien de creuser des trous d'un mètre au moins sur tous les côtés. La transplantation doit être rapide ; c'est même le côté délicat de cette culture.

Cette opération exige les plus grands soins, et, malgré cela, la réussite est quelquefois incertaine; il est indispensable de la faire en motte. Il faudra, dans les commencements, arroser fréquemment, pour favoriser la reprise de l'arbre et l'émission de nouvelles racines. Chaque arrosage doit, comme pour tous les autres arbres, être suivi d'un binage, afin de garder la fraîcheur et empêcher le fendillement de la terre. L'écartement des arbres doit être au moins de douze à quinze mètres.

Après trois ans, les frais de culture sont nuls.

Comme arbre de bordure de route et d'avenue, le caroubier est à recommander, et son beau feuillage, toujours vert, produit dans ce cas un effet superbe.

La récolte se fait à l'aide de bons bâtons, en juin et juillet, justement à une époque où le bétail ne trouve plus d'aliments dans les terres de parcours.

On calcule que le ramassage coûte un franc par quintal. Les caroubes valent sur place de 6 à 8 francs le quintal. Après trois ans de greffage, le caroubier commence à rapporter et donne chaque année un ou deux quintaux de fruits. Cette récolte va en croissant et, au bout de huit ans de greffage, la production atteint une dizaine de quintaux.

La fructification ne souffre nullement des cultures intercalaires qui sont faites entre ses alignements.

Il ressort de cet exposé rapide, dont nous avons trouvé les éléments dans les travaux de MM. Rivière et Dubreuil, que le caroubier est l'arbre par excellence que nos colons devraient planter, et que son revenu est supérieur à celui de tous les autres arbres.

*
* *

Il nous reste à donner quelques détails sur l'emploi de la caroube, dont la chair douce, sucrée et nourrissante convient à l'alimentation de tous les animaux, et plus spécialement à l'engraissement des bêtes de boucherie. A Gibraltar, à Malte et en Egypte, les beaux mulets de l'armée anglaise sont nourris avec un mélange de caroubes et de fèves. C'est surtout chez les animaux épuisés et malades que l'emploi des caroubes donne d'excellents résultats.

On doit avoir soin de ne faire manger les caroubes que lorsqu'elles sont sèches, après deux mois de récolte.

Les populations pauvres consomment beaucoup de caroubes; les Kabyles en font du couscous; les Espagnols le font entrer dans la fabrication du chocolat.

Les produits industriels que l'on peut en tirer sont nombreux; l'eau-de-vie de caroubes, bonne au goût, convient parfaitement à la pharmacie, à la droguerie et à l'industrie. On peut aussi en extraire du sucre, et le prix de revient ne s'élève pas à plus de 14 francs les cent kilos. Enfin, la pharmacie en tire grand parti pour la fabrication des sirops, des tisanes et des pâtes pectorales.

Ajoutons encore que le fruit du caroubier est d'une conservation facile.

Si l'État se décidait à greffer tous les caroubiers francs qu'il possède en Algérie et en Tunisie, il en tirerait de fort beaux revenus en les affermant aux particuliers.

Puisque l'Administration des Forêts dédaigne ces ressources, nous ne saurions trop engager nos colons à greffer et à planter cet arbre vraiment merveilleux. C'est une fortune qu'ils se réserveront ainsi pour l'avenir.

La culture du caroubier est tout indiquée dans les terres sialines, concurremment avec l'olivier et l'amandier.

III

Culture du Sumac

J'ai reçu de divers côtés des demandes de renseignements sur la culture du sumac; plusieurs acquéreurs

de terres sialines, voulant développer dans ces régions
la culture arbustive, voudraient savoir si le climat du sud
est favorable au sumac.

J'ai eu la bonne fortune, sur les indications de M. le
Directeur de l'Agriculture, d'être mis au courant d'un
travail très complet de M. Inzenga, qui a étudié en Sicile
l'exploitation du sumac et les résultats obtenus; je vais
en faire profiter mes lecteurs.

Le sumac *(Rhus coriaria)* appartient à la famille des
térébinthacées; c'est un arbrisseau qui pourrait atteindre trois ou quatre mètres, mais qui, taillé annuellement
pour la récolte des feuilles, ne dépasse pas un mètre;
il est très buissonnant et se développe chaque année par
des jets nouveaux. Ses feuilles sont caduques.

Le sumac est cultivé en Sicile depuis les temps les plus
anciens, mais il n'en est pas originaire et a dû provenir
de climats plus chauds. On croit qu'il est originaire de
l'Égypte.

Cet arbuste craint le froid, et les gelées du printemps
lui sont mortelles; il peut être cultivé dans toutes les
régions où prospère l'oranger.

Il aime les terres calcaires et sèches, s'égouttant rapidement après les pluies; il ne peut s'acclimater dans les
terres argileuses et humides. En somme, les terres dites
fertiles ne lui conviennent pas; il se plait mieux dans
les terres réputées stériles, si elles sont calcaires et chaudes. Comme la vigne, il préfère les coteaux à la plaine,
et l'on doit rechercher pour lui l'exposition du midi;
enfin, il demande à être cultivé seul et craint le voisinage des arbres, dont l'ombrage lui est défavorable.

D'après ces indications, il est prouvé que les terres
sialines, où le sol est calcaire et meuble, conviennent
admirablement à la culture du sumac.

Le sumac se reproduit au moyen de boutures; on le
plante à la distance de 70 centimètres et à une profondeur de 13 centimètres. Les boutures doivent avoir une

grosseur d'un centimètre au moins et une longueur de quarante.

Chaque hectare porte 21.500 boutures ; après la plantation, les boutures sont taillées à la hauteur de 15 centimètres.

La culture consiste dans le maintien de l'ameublissement du terrain et dans le nettoyage des herbes sauvages. Il est très important de disposer la culture de manière que les eaux de pluie n'y séjournent pas et s'écoulent facilement.

Au bout de deux ans, le sumac pousse de nombreux surgeons. Ces jets doivent être ménagés pour la récolte, mais doivent être enlevés ensuite pendant l'hiver.

A la deuxième année, le sumac donne une récolte, c'est-à-dire qu'à partir de ce moment on peut chaque année récolter les feuilles, qui sont très recherchées par la teinturerie, le corroyage et surtout pour le tannage des cuirs.

La cueillette des feuilles a lieu à trois époques successives : en mai, en juillet et enfin en septembre. Les feuilles sont enlevées à la main, à mesure qu'elles sont mûres, en partant du pied de l'arbuste jusqu'à l'extrémité des branches. En outre, les sommets des branches sont brisés sans être détachés entièrement ; ces tiges restent suspendues à la branche par une partie de l'écorce et sèchent ainsi sur pied, sans courir le risque d'être, en cas de pluie, gâtées par le contact du sol. Ces touffes de feuilles ne sont ramassées que lorsqu'elles sont absolument sèches.

Le produit de la récolte est transporté sur une aire exposée au soleil et abritée du vent, pour y être battu.

Le battage doit avoir lieu dans les heures les plus chaudes de la journée, afin que la feuille, complètement sèche, se détache plus tôt des rameaux.

On emploie le fléau de préférence aux pieds des animaux.

Le sumac est vendu soit en feuilles, soit en poudre.

Le sumac en feuilles est mis en balles au moyen de presses.

Le sumac en poudre est obtenu par l'écrasement des feuilles dans des moulins à peu près semblables à ceux des huileries.

En Sicile, le prix du sumac s'élève graduellement chaque année ; il était en 1830 de 14 francs les cent kilos pour le sumac en feuilles ; en 1872, il avait atteint le prix de 26 francs ; aujourd'hui, il vaut 30 francs.

Cette denrée doit être emmagasinée dans des locaux très secs, car l'humidité lui est très nuisible et déprécie sa valeur. Il faut ajouter que le sumac ne conserve ses qualités qu'un an à peine ; passé ce délai, il perd de sa valeur et se vend difficilement et à bas prix.

Dans les environs de Palerme, un hectare de sumac coûte 500 francs de frais d'établissement. L'entretien annuel, y compris l'intérêt et l'amortissement, peut monter à 180 francs. Son produit moyen est de 310 francs. Le profit est donc de 130 francs par hectare. C'est un résultat superbe, si l'on considère que le sumac réussit surtout dans les terres médiocres et sèches, que le propriétaire ne pourrait autrement utiliser. C'est à ce point de vue que nous signalons l'utilité de cette culture peu exigeante.

IV

L'Agave d'Amérique

Le Yucatan comprenait d'immenses plaines de sable, arides et désertes, d'où la vie semblait s'être retirée. Aujourd'hui, ces régions sont couvertes d'agaves, et des fortunes considérables se sont faites avec la plantation de ce textile.

La fibre de l'agave sert à la fabrication de cordages très appréciés dans la marine.

Les variétés d'agaves sont nombreuses. On en connaît huit qui sont propres à donner la matière textile qu'on appelle *pite*.

Ce qui est intéressant pour la Tunisie, c'est d'apprendre que cette plante pousse dans les sables et les terrains les plus secs et les plus arides; elle ne craint pas le sel; elle ne demande que de la chaleur.

Elle pourrait être employée utilement à fixer les dunes mouvantes qui entourent et menacent les oasis du sud tunisien.

V

Cultures fruitières

Nous voyons par les comptes rendus de l'Exposition de Chicago que la culture fruitière dans l'Etat de Californie donne des résultats merveilleux; l'abricotier procure un revenu moyen de 1.800 francs par hectare, et le prunier arrive jusqu'à 2.000 francs, avec un prix de vente de 25 francs les cent kilos.

Un tel exemple devrait encourager nos colons tunisiens à se livrer, eux aussi, à la culture en grand des fruits, et spécialement des fruits à noyaux, toujours très recherchés par l'épicerie et la confiserie; le climat de la Tunisie est des plus favorables à cette culture, et, comme nous venons de le dire, les fruits à noyaux y réussissent plus particulièrement.

Il faut remarquer qu'autrefois c'était la Bosnie qui fournissait en grande partie les pruneaux, dont la consommation est énorme en Europe; dernièrement, par suite des grands froids, ces arbres ont péri.

Si la Tunisie possédait de bonnes qualités de prunes, il lui serait, croyons-nous, facile d'en écouler de grandes quantités.

C'est en se procurant de bonnes variétés d'arbres fruitiers, c'est-à-dire en obtenant l'introduction de greffes d'Europe, que la Colonie pourra trouver une source, inconnue jusqu'ici, de revenus appréciables. Cette culture fruitière conviendrait surtout aux petits propriétaires qui cherchent à tirer parti, sans grandes dépenses et sans attendre trop longtemps, d'un domaine de peu d'étendue, et auxquels l'élevage et la grande culture sont interdits.

L'introduction des greffes, prenant ainsi, en quelque sorte, un caractère d'utilité publique, nous pensons que le Syndicat des Viticulteurs, chargé de veiller à l'exécution de la loi phylloxérique, s'empresserait de faciliter cette introduction, inoffensive du reste pour la sécurité du vignoble.

Ajoutons en terminant que la culture fruitière n'est pas une opération à long terme, car la plupart des arbres commencent à produire assez abondamment au bout de trois ans.

VI

L'Oranger

Je n'ai pas la prétention de publier un traité d'agriculture ; je me contente d'émettre des idées personnelles et de faire profiter le lecteur de ce que j'ai vu ou expérimenté. J'ai assisté aux débuts de la colonisation ; je l'ai suivie dans son développement, et j'ai connu bien des erreurs ou des fautes dont la réparation a été coûteuse et dont quelques-unes ont compromis l'œuvre entreprise. Je les signale au fur et à mesure qu'elles se présentent à mes souvenirs ; je serais heureux si je pouvais ainsi rendre service aux nouveaux venus et leur éviter de tomber dans les mêmes pièges.

Si je parle aujourd'hui de l'oranger, ce n'est pas pour en décrire les variétés et les procédés de culture. Il existe des ouvrages d'agriculture, des dictionnaires et des livres spéciaux qui traitent en détail de la matière, et je ne ferais que les répéter. Mais cet arbuste me rappelle une anecdote dont le récit pourra servir de leçon.

Il y a déjà un certain nombre d'années, j'ai eu comme voisin dans ce pays un jeune Français qui vint s'installer dans les commencements de la colonisation; c'était le moment où tout le monde plantait de la vigne. Il ne voulait pas faire comme les autres, et cherchait à entreprendre une culture qui n'eût pas encore attiré l'attention des colons. Il se décida pour une orangerie. C'était une culture élégante qui flattait ses goûts. Au lieu d'aller étudier cette culture à Nabeul, où elle est prospère, notre homme recueillit ses renseignements chez des gens qui, ne quittant jamais Tunis, se posaient en Mentors de l'agriculture. Pour donner une idée de leurs combinaisons, je citerai l'un d'entre eux, qui voyait une immense fortune à faire dans l'exploitation des fruits du lentisque, et cherchait des capitaux pour monter cette affaire.

Pour en revenir à notre colon, on lui persuada que la création d'une orangerie coûtait moins que celle d'un vignoble et rapportait aussi vite. Le voilà à l'œuvre. Comme c'était un homme qui recherchait l'économie sans la comprendre, il préféra faire lui-même ses semis, au lieu d'acheter des plants tout formés chez les Arabes de Nabeul ou d'Hammamet, qui se livrent tous à l'exploitation de pépinières d'orangers, citronniers et mandariniers. Pour bien faire les choses, notre homme engagea, à 2.400 fr. par an, un praticien qui devait lui faire une pépinière; la première année, il manqua ses semis; la seconde, il fut plus heureux; mais, en définitive, il perdit trois ans, et les plants qu'il obtint lui coûtèrent dix fois plus qu'il ne les aurait achetés tout faits chez les indigènes.

Mais ce n'est pas tout; la propriété qu'on lui avait fait acheter pour créer une vaste orangerie ne pouvait convenir à cette culture; elle se trouvait, à ce point de vue, dans les plus mauvaises conditions. Elle était dans une grande plaine, basse et argileuse, exposée à tous les vents. La terre était tellement compacte, que les orangers qu'il arriva enfin à planter ne purent émettre des racines. L'hiver, ils gelaient; pendant l'été, ils pourrissaient, par suite de l'eau dont on les inondait et qui ne pouvait s'égoutter. Enfin, au bout de cinq ans, le malheureux colon avait dépensé cent cinquante mille francs, n'avait rien obtenu et se trouvait forcé de vendre sa propriété!

La morale de cette histoire est qu'en agriculture il ne faut pas se lancer à la légère. Il faut, au contraire, bien réfléchir avant d'acheter des terres, et surtout avant de mettre un programme à exécution. On ne saurait trop étudier son affaire et son terrain, et voir ce qui se passe chez les voisins, car on a bien raison de dire qu'en agriculture « *expérience passe science* ». Il faut surtout se garder de croire les gens sur parole. **Les fautes d'un début sont souvent irrémédiables!**

*
* *

Puisque j'ai parlé de l'oranger, je dirai que c'est une culture délicate, que le choix du terrain demande un examen sérieux, et qu'il faut dépenser beaucoup d'argent avant d'en retirer un revenu.

L'oranger demande un sol riche, souple et s'égouttant facilement; il aime la fraîcheur, mais il craint l'humidité. Il craint également le vent et le froid; il lui faut de bons abris, mais il lui faut aussi de l'air. C'est pour cela qu'il ne faut pas imiter les Arabes des environs de Tunis, qui ont leurs plantations trop serrées; leurs arbres étouffent et, conséquence de cet état, ils ont généralement la maladie de la mousse. Les pieds doivent être espacés de six mètres au moins.

L'oranger exige d'abondantes fumures.

Pendant l'été, il faut lui donner des arrosages fréquents ; j'ai fait le compte qu'un hectare d'orangers avait besoin, pendant les quatre mois les plus chauds (de juin à septembre), de 250 mètres cubes d'eau par semaine.

L'oranger ne produit d'une façon appréciable que vers la dixième année. A ce moment, l'hectare aura coûté de 8 à 10.000 francs.

Etant donné le prix de vente actuel des oranges, l'hectare peut rapporter 6 à 800 francs net.

Mais il est à craindre que les plantations considérables que l'on a faites de toutes parts, et surtout en Amérique et dans l'extrémité du sud africain, ne rendent un jour le produit invendable à des prix rémunérateurs.

C'est, du reste, une menace qui plane sur toutes les cultures. L'excès de production, la concurrence des pays qui produisent à très bon marché et la facilité des communications, amènent peu à peu l'avilissement du prix de toutes les denrées. C'est une révolution économique dont il est impossible de prévoir les conséquences.

En l'état actuel, on ne voit presque pas de culture qui puisse donner l'assurance formelle de rester rémunératrice dans l'avenir.

Il serait donc sage de ne plus immobiliser de gros capitaux dans des créations qui deviennent presque toutes aléatoires. C'est pourquoi le bétail, les céréales et les fourrages, qui ne sont pas une opération à long terme, doivent attirer l'attention de nos agriculteurs, de préférence à toutes autres opérations agricoles.

VII

Pomme de terre « Richter Imperator »

A la Société d'Agriculture d'Alger, M. Rivière a exposé des pommes de terre qu'il avait obtenues au Jardin d'essais, avec l'espèce *Richter imperator;* ces essais, qui ont été commencés il y a deux ans, démontrent que cette variété n'a pas dégénéré.

Pendant ces deux années, M. Rivière a obtenu quatre récoltes, et les produits de la dernière n'ont pas été inférieurs à ceux de la première. Ces pommes de terre ont été cultivées dans des terres argilo-calcaires.

La *Richter imperator,* comme l'on sait, est une qualité inférieure pour la table ; cependant, elle est bonne en purée et conviendrait parfaitement pour la nourriture de l'indigène.

Pour l'alimentation du bétail, elle est excellente.

A Alger, son rendement a été de douze pour un.

VIII

Greffage des Oliviers sauvages

L'exemple d'un colon de Montenotte qui a obtenu, au concours de Blidah, le prix cultural, consistant en 600 francs et un objet d'art, est à méditer par nos propriétaires tunisiens.

M. Bailly cultive un domaine de quarante-cinq hectares qui était, dans le principe, couvert de broussailles. Il les a défrichées petit à petit, en conservant avec soin les oliviers sauvages, qu'il a successivement greffés ; il possède aujourd'hui deux mille oliviers qui lui rapportent en moyenne 4.000 francs d'olives.

Bien des espaces inutiles, en Tunisie, sont couverts d'oliviers sauvages, restés à l'état d'arbustes, rongés par les chameaux et les chèvres; du côté de Bordj-Toum et de Bou-Arada, notamment, il y a d'immenses *brousses* formées en partie par ces oliviers.

Les colons qui défricheront ces terres trouveront un revenu en conservant ces oliviers et en les greffant.

Mais, pour encourager le greffage, le Gouvernement devrait exempter les oliviers nouvellement greffés de tous droits d'*achour* et de *kanoun* pendant une période assez longue, quinze ans au moins, ainsi que c'est admis pour les plantations nouvelles.

IX

Sulfatage des Oliviers

Le hasard joue parfois un rôle dans la découverte des connaissances utiles.

Nous voyons, dans un journal d'Algérie, qu'un vigneron, en sulfatant sa vigne pour la garantir du mildew, projeta, sans le vouloir, du liquide sur un olivier qui se trouvait dans le vignoble. La partie de l'olivier qui avait été ainsi sulfatée par erreur se couvrit d'olives, tandis que la partie qui avait été indemne n'avait que quelques rares fruits.

Le sulfate de cuivre avait agi sur l'arbre d'une façon bienfaisante, soit en détruisant des germes cryptogamiques, soit en donnant de la force à la sève.

Il sera facile de faire l'essai du sulfatage sur quelques oliviers pour contrôler l'exactitude du renseignement.

X

Fixation des Dunes et des Sables

Ce que l'on a fait depuis 1882 dans le Sahara oranais, et ensuite à Ouargla, démontre la possibilité d'arrêter les dunes de sable par le reboisement.

Le sable des dunes n'est pas infertile, et les semis et plantations y réussissent, à condition d'immobiliser le sable; c'est absolument indispensable, car le vent déchausserait les jeunes plants, ou les ensevelirait. On y arrive en recouvrant la dune d'une couche de fumier très pailleux. Ce paillis a résisté à tous les vents, et c'est ainsi qu'en trois ans quarante hectares de dunes ont été immobilisés et couverts de plus de 50.000 arbres de diverses essences.

Ajoutons que ce paillis, qui peut être formé de fumier, de diss, d'alfa ou de débris végétaux de toute nature, non seulement arrête le mouvement des sables, mais les fume et entretient l'humidité.

Avant de couvrir la dune de paillis, il est bon d'y semer, à l'automne, des grains d'orge qui poussent à travers et consolident le paillis.

On peut aussi, au printemps, y semer des graines de pastèques et autres cucurbitacées, dont les longs jets et les larges feuilles consolident encore le paillis.

Les tiges de l'orge servent, en outre, à protéger les semis et plantations contre les ardeurs du soleil.

C'est ce que font, du reste, les jardiniers de Radès, qui arrivent ainsi à réaliser, dans les sables de l'isthme qui sépare ce village de La Goulette, de superbes et fructueuses cultures maraîchères.

Dans le même ordre d'idées, il est intéressant de constater la réussite du gouvernement russe dans ses travaux pour arrêter la marche des sables mouvants; le Service des Forêts, qui dirige cette vaste entreprise, est arrivé à fixer les sables à l'aide de plantations de saules des sables, d'élymes des sables *(Elymus arenarius)* et d'une chénopodée appelée *Agriophyllum arenarium.*

La Tunisie, qui a d'immenses surfaces de sables non fixés, aurait intérêt à tenter l'acclimatation de ces végétaux. Nous les signalons à l'attention de la Direction de l'Agriculture, qui a maintenant son Jardin d'essais installé.

XI

Le rôle du Vent

Il ne faut pas s'illusionner sur le rôle des arbres; ce serait une erreur de croire que le pays aurait des pluies plus fréquentes si les plantations d'arbres étaient plus nombreuses. La Tunisie, surtout dans les plaines et dans le voisinage de la mer, est aujourd'hui à peu près complètement déboisée; il n'est pas rare d'y parcourir des kilomètres successifs sans apercevoir un arbre. Beaucoup de personnes pensent que c'est à cette absence d'arbres que la rareté des pluies doit être attribuée. On oublie seulement qu'à l'époque romaine, où le pays était couvert de fermes et de plantations, les pluies faisaient aussi bien souvent défaut. Les auteurs anciens en témoignent à chaque page.

Aussi, M. Rivière a-t-il peut-être raison lorsqu'il dit : « Dans tout pays, ce n'est pas parce qu'il y a des arbres qu'il pleut, c'est parce qu'il pleut qu'il y a des arbres ! »

Il est aussi une autre erreur qui s'est accréditée parmi nous, c'est la nécessité des plantations comme brise-vent. Certainement, il convient d'avoir des arbres dans le voisinage d'une ferme; ils ont leur agrément et leur utilité, ils procurent de l'ombre, ils assainissent le pays généralement; enfin, ils procurent du bois, et c'est surtout par là qu'ils sont utiles, car le bois est indispensable au colon, soit pour le chauffage, soit pour ses réparations, soit encore pour le tuteurage de ses vignes. Mais il ne faut pas en abuser, car dans ce pays on ne doit pas oublier que le vent est un bienfait, qu'il est même indispensable, particulièrement en été. C'est une condition de salubrité; c'est lui qui, mistral ou sirocco, fait disparaître les miasmes si prompts à se former dans les pays chauds.

Le vent, la circulation de l'air, s'ils sont utiles à l'homme, ne le sont pas moins à l'agriculture. Ils la préservent des gelées l'hiver et du grillage l'été, surtout dans les terres basses. Entourez une orangerie ou un jardin de légumes, en plaine, d'une ceinture complète de brise-vent, et vous verrez qu'il y gèlera fréquemment ; entourez une vigne d'une barrière épaisse d'arbres, et vous aurez les raisins grillés au premier souffle de sirocco du mois de juillet.

C'est surtout en Afrique qu'il faut assurer la libre circulation de l'air, et, quant au sirocco, il fait beaucoup moins de mal s'il peut circuler sans difficultés, que s'il est arrêté par des barrières d'arbres.

Cela ne veut pas dire qu'il faut s'abstenir de planter des arbres ; il faut les multiplier, au contraire, car il nous faut du bois pour tous nos usages ; il faut surtout boiser les pentes de nos collines pour arrêter les terres et permettre au sol de boire le plus possible ce qui tombe du ciel ; nous augmenterons ainsi nos sources et nous conserverons la terre végétale à nos coteaux ; mais ayons soin, dans nos plaines, de disposer les plantations d'arbres de manière à laisser le vent accomplir son œuvre salutaire d'assainissement.

XII

« Le Procès des Moineaux »

Tel est le titre d'un volume de 205 pages que le Ministère de l'Agriculture des États-Unis a fait paraître en 1889 ; on y trouve les réponses qui ont été fournies à la suite de l'envoi d'un questionnaire, distribué dans tous les États de l'Union par les soins du gouvernement.

C'est que les dégâts causés par les moineaux avaient été tels qu'il devenait indispensable de prendre des mesures exceptionnelles pour se débarrasser d'un véritable fléau.

Les premiers moineaux ont été introduits aux États-Unis en 1850, mais on ne réussit à les acclimater qu'en 1868. Vingt ans après, ces oiseaux avaient envahi les deux tiers de la République et occupaient deux millions et demi de kilomètres carrés. On a calculé qu'en supposant que le nombre des mâles égale celui des femelles et que toutes les couvées réussissent, en dix ans un couple de moineaux aurait engendré 275 millions de ses semblables.

Pendant quelques années, le moineau a été choyé et estimé comme oiseau insectivore ; on le croyait utile à l'agriculture ; mais les preuves matérielles et irréfutables du contraire ne tardèrent pas à se produire ; lorsque l'Américain vit ses récoltes disparaître par suite du pillage des moineaux, il fut ardent à réclamer des lois répressives. Depuis 1880, tous les agriculteurs des États-Unis demandent la destruction des moineaux.

On a d'abord prescrit la destruction des nids ; on a payé ensuite dans certains États une prime de cinq centimes par moineau tué, et d'autre part on a puni de l'amende et de la prison quiconque nourrirait intentionnellement des moineaux ou résisterait aux personnes chargées de les détruire. Des clubs se sont institués pour faire une guerre acharnée à cet insupportable oiseau, et ils ont donné d'excellents résultats : chaque membre du club doit présenter, à la fin de l'année, un nombre déterminé de têtes de moineaux ; sinon, il paie une amende qui sert à constituer une prime pour celui qui en a le plus tué.

Le Ministère de l'Agriculture a fait procéder à des expériences afin de trouver un poison prompt et économique pour se débarrasser des moineaux ; 28 grammes de strychnine suffisent à empoisonner un *buschet* (36 litres de blé, soit 672.000 grains). Mais, pour un oiseau aussi défiant que le moineau, la strychnine agit trop rapidement, et il vaut mieux employer l'arsenic, dont l'action est lente. Il faut 1.800 grammes d'acide arsénieux pour traiter 36 litres de blé. On commence par rassembler les moineaux sur un point donné, en distribuant des grains en abondance ; puis, un beau jour, alors que ces oiseaux ont pris l'habitude d'y venir, on leur donne les grains empoisonnés. On peut ainsi en détruire d'énormes quantités.

Si les États-Unis ont pris toutes ces mesures de rigueur, si la guerre est maintenant déclarée sans trève ni merci contre des oiseaux qu'on avait acclimatés et soignés au début de leur introduction, ce n'est qu'après une enquête longue, minutieuse et surtout consciencieuse. C'est un véritable procès qu'a instruit le Ministère de l'Agriculture. Tous les chefs d'accusation ont été soigneusement examinés et contrôlés ; 3.300 dossiers ont démontré la culpabilité du moineau ; ses crimes sont innombrables. Il a été prouvé, au cours du procès, que le moineau attaque les fruits et surtout les raisins, auxquels il fait un tort considérable en perçant les grains et en suçant le jus ; dans l'Illinois, le tiers des grappes a été ainsi abîmé.

Les végétaux ont tous à souffrir du moineau, les semis d'arbres et les légumes surtout. Il dévore les cotylédons à mesure qu'ils sortent de terre ; il coupe les boutons et les bourgeons de tous les arbres fruitiers ; mais c'est surtout sur les végétaux montés en graine qu'il exerce ses déprédations ; tous les légumes, toutes les céréales, le riz, le colza, le lin, le chanvre, les betteraves, payent un large tribut à ce pillard effronté. Il ne se contente pas de manger, il gaspille, car il secoue les épis et fait tomber plus de grains qu'il n'en dévore. Dans la Louisiane, beaucoup de planteurs de riz ont dû renoncer à cette culture, tant les dégâts étaient considérables.

Au sujet des rapports des moineaux avec les autres oiseaux, 837 mémoires ont constaté qu'ils étaient déplorables ; le moineau est tracassier, querelleur ; il inquiète et moleste tous les oiseaux qui rendent des services à l'agriculture ; il s'empare de leurs nids et brise leurs œufs. Les hirondelles, le rouge-gorge, le roitelet, le chardonneret sont principalement ses victimes ; ses vexations, ses attaques continuelles finissent toujours par leur faire abandonner la place.

Alors que les témoignages contre les moineaux sont nombreux et accablants, les témoignages favorables sont très rares ; on peut dire que les circonstances atténuantes font défaut à ce coupable.

L'enquête a prouvé d'une manière irréfutable que le moineau n'était pas un insectivore normal et qu'il ne mangeait pas les insectes les plus nuisibles. On a imputé au moineau l'accroissement constant et alarmant des chenilles, puisqu'il ne les mange pas et chasse les oiseaux qui s'en nourrissent. En somme, il ne mange des insectes que lorsqu'il ne trouve rien d'autre à se mettre dans le bec. Sur cinq cent vingt-deux estomacs de moineaux examinés aux États-Unis pendant 1886, quarante-neuf seulement contenaient des débris d'insectes nuisibles, mais en très petit nombre, la masse des aliments étant surtout d'origine végétale.

Comme on le voit, le moineau est un animal nuisible dont il faut poursuivre la destruction par tous les moyens possibles, et nous croyons que nous serons forcés en Tunisie, à mesure que les plantations d'arbres augmenteront, de prendre contre lui les mesures sévères qu'on a adoptées aux États-Unis et en Australie.

XIII

Destruction du Ver blanc et du Moineau

On connaît l'importance des dégâts que le ver blanc cause chaque année à l'agriculture.

La découverte d'un parasite naturel du ver blanc permet aujourd'hui de lutter efficacement contre le fléau; il s'agit d'un champignon qui a été classé dans le genre *Botrytis,* sous le nom de *Botrytis tenella.* Les travaux scientifiques de M. Giard ont donné le moyen de cultiver ce champignon parasite et de le répandre dans les terrains infestés de vers blancs.

Lorsque M. le Dr Loir aura fini d'installer l'intéressant Laboratoire de Bactériologie qui est appelé à rendre de si grands services à la Tunisie, nous pensons qu'il y aura lieu de faire des expériences de reproduction artificielle du *Botrytis tenella,* en vue de se livrer à des essais de destruction du ver blanc; bien que moins abondant qu'en France, le ver blanc arrive souvent dans ce pays à détruire des cultures de jardins et de pépinières.

*
* *

Nous avons appris avec satisfaction que M. Loir allait s'occuper des moineaux, pour leur faire la guerre au moyen de l'inoculation du choléra des poules, qui, parait-il, arrive à en détruire des quantités considérables.

Comme nous venons de l'exposer dans le chapitre précédent, le moineau est devenu pour nos colons un fléau inquiétant, et, devant les dégâts qu'il occasionne, on en arrive à comprendre pourquoi l'Arabe, qui se livre exclusivement à la culture des céréales, ne supporte aucun arbre dans son voisinage. Le déboisement systématique de ce pays s'explique jusqu'à un certain point, lorsqu'on considère les ravages que les moineaux pratiquent dans les champs d'orge et de blé.

En effet, dès qu'un colon a fait pousser des arbres dans le voisinage de sa maison, des nuées de moineaux viennent s'y abriter. Si ce sont des eucalyptus, et il s'en trouve un grand nombre, il est presque impossible de s'en débarrasser.

Je me rappelle en avoir tué tous les soirs une centaine

au moyen du fusil ; au bout de trois mois, les moineaux se décidèrent enfin à chercher un abri ailleurs, mais l'on avouera que le moyen est coûteux et peu pratique !

Dans les environs des gares du Bône-Guelma, où les eucalyptus forment de grands bois, la culture des orges est devenue impraticable ; les épis, à peine formés, sont dévorés entièrement par des nuées de moineaux venus on ne sait d'où !

L'enquête qui a eu lieu aux Etats-Unis, où l'on se préoccupe vivement du nombre toujours grandissant des moineaux et des dégâts qu'ils causent, a démontré que cet oiseau ne pouvait être classé parmi ceux qui sont utiles à l'agriculture et qu'il faut protéger. Le moineau est exclusivement nuisible ; par sa nature querelleuse, il arrive même à faire fuir les petits oiseaux qui se nourrissent d'insectes et servent ainsi si utilement la cause de l'agriculture.

Le moineau est donc un ennemi qu'il faut combattre sans pitié ; jusqu'ici, aucun moyen pratique n'existait pour cela ; ce petit oiseau continue à pulluler partout où il y a des arbres, bravant victorieusement tous les moyens employés à sa destruction.

Si l'inoculation du choléra des poules ne parvient pas à supprimer le moineau, ou tout au moins à en limiter le nombre, il ne restera aux colons qu'à choisir entre deux partis : renoncer à la culture des céréales ou bien couper tous leurs arbres. A cause du moineau, arbres et céréales ne peuvent plus vivre à côté l'un de l'autre.

Espérons que M. le Dr Loir nous donnera le moyen de conserver et de multiplier des plantations qui égaient le paysage, nous rappellent la France, et sont si utiles à tant de points du vue divers !

*
* *

Puisque nous parlons de bactériologie, il convient de citer une heureuse création de la Société de la Bourse de Commerce de Paris, qui vient d'instituer un Laboratoire de Parasitologie pour la recherche expérimentale des moyens de défense à opposer aux parasites destructeurs des végétaux.

Ce laboratoire est appelé à rendre de grands services pour la destruction des ennemis de nos récoltes.

Il résulte déjà des travaux opérés dans ce laboratoire que le cultivateur est aujourd'hui assuré de mettre un frein aux ravages des mulots et des campagnols.

On peut s'adresser à la Société de la Bourse de Commerce de Paris pour avoir des tubes contenant le virus qui détruira les souris et les rats, aussi bien que les campagnols et les mulots.

M. Danysz, directeur du laboratoire, indiquera la manière de s'en servir.

XIV
Assainissement

Il résulte de nombreux essais qui ont complètement réussi sur divers points que la plante connue sous le nom de *Soleil* ou *Grand Tournesol* est un préservatif puissant contre les fièvres.

Plusieurs propriétaires de domaines infestés par les fièvres paludéennes les ont complètement assainis par des plantations de tournesols.

Dans les rares régions de la Tunisie que les fièvres rendent inhabitables aux Européens, ce remède aussi simple que peu coûteux pourra rendre de grands services.

XV
Destruction des Guêpes

Voici une ingénieuse recette pour détruire les guêpes, que nous cueillons dans *le Zaccar*, feuille horticole qui paraît à Miliana :

« On prend une bouteille de vingt-cinq à trente centilitres, que l'on remplit à moitié d'eau aromatisée de miel. Après avoir enduit légèrement de miel l'orifice de la bouteille, on la suspend par le goulot dans l'arbre à protéger.

« On peut affirmer que pas une guêpe n'échappera : elles entreront toutes dans les bouteilles et y resteront.

« Inutile de vider les bouteilles avant qu'il y ait dedans une épaisseur de guêpes de cinq ou six centimètres.

« Vous pouvez hardiment préconiser ce piège, qui est le tombeau des guêpes. »

XVI

Destruction du Phylloxera

Il ne se passe pas de semaine qu'on n'ait à signaler un nouveau procédé de destruction du phylloxera.

Aujourd'hui, c'est un abbé qui soumet à la Société des Agriculteurs de France un système qui consiste à emmagasiner une proportion déterminée de camphre dans une enveloppe poreuse que l'on place au pied du cep.

Plusieurs viticulteurs qui en ont fait l'essai affirment que le phylloxera est asphyxié dans un temps très court.

Ainsi-soit-il !

XVII

Conservation des Fruits

Lorsqu'il s'agissait d'envoyer des fruits à de grandes distances, on se servait de la chaux hydraulique pour les conserver frais et sains. J'ai souvent fait usage du procédé, il m'a toujours réussi ; les fruits étaient mis en caisse sur une couche de chaux hydraulique qui devait remplir tous les interstices.

On a trouvé mieux avec la poudre de liège, qui est plus légère et plus propre. On place les fruits ou les légumes dans des petits barils ou dans des caisses, en mettant alternativement une couche de liège, une couche de fruits, et ainsi de suite.

Des raisins ont été expédiés d'Alger au Japon dans ces conditions, et sont arrivés dans un état de conservation parfaite.

Il existe à Bône une fabrique de poudre de liège.

XVIII

Les Mouches dans les Ecuries

Il n'est pas d'agriculteur qui n'ait remarqué les inconvénients de l'abondance des mouches et la fatigue qu'en ressentaient les bêtes de travail.

Ces pauvres bêtes, en rentrant d'un travail pénible, ont besoin de manger tranquilles et de se reposer pendant les heures de la sieste ; elles ne peuvent y parvenir et sont constamment harcelées par la présence des mouches. Les chevaux et les mulets ne cessent de frapper du pied, et font ainsi des kilomètres inutiles. Cette agitation continuelle est nuisible aux bêtes; elle est aussi nuisible au colon, car le travail s'en ressentira à la reprise de la besogne.

Nous trouvons dans l'excellente *Petite Revue Agricole,* de Bône, un remède pratique qui nous inspire confiance et dont l'efficacité nous paraît certaine.

Nous en donnons la recette :

« Après avoir enlevé le fumier de l'étable et balayé celle-ci, on ferme portes et mangeoires, pour que les mouches ne puissent pas s'échapper; puis, au moyen d'un pulvérisateur dans lequel on met un peu d'acide phénique noir sur cinquante parties d'eau, on asperge les murs, les plafonds, les crèches, en un mot toute l'écurie. Les mouches qui voltigent tombent sitôt touchées ; ensuite, on balaye le tout.

« Cette opération se fait pendant que le bétail pâture ou va boire.

« Il faut avoir soin d'agiter le pulvérisateur au moment de l'opération.

« En procédant de cette manière, on se débarrasse complètement des mouches, quitte à répéter lorsqu'il en revient de nouvelles. »

XIX

Nettoyage des Arbres fruitiers

Nous retrouvons, sur le nettoyage des arbres fruitiers, une note qui nous paraît offrir un réel intérêt. Nous observons seulement que ce traitement doit être fait à la fin de l'hiver, à la veille du réveil de la végétation :

« Cette opération exerce une action considérable sur la santé et la production de nos arbres. C'est là un fait aujourd'hui si bien connu, qu'il a été dernièrement question, à la Société des Agriculteurs de France, de rendre ce nettoyage obligatoire au même titre que l'échenillage et autres pratiques analogues.

« Chaque jour, nous voyons, en effet, de vieux arbres couverts de mousses, de lichens, tout à fait rabougris. Comment voulez-vous que dans ces conditions un pommier, par exemple, puisse se bien porter ? l'écorce ne voit jamais le jour ; au moindre défaut de l'arbre, l'humidité, entretenue par ces végétaux, pénètre les tissus, amène la pourriture ; les pousses annuelles sont longues comme rien, le pommier ne donne pas de pommes.

« En outre, soulevez ces mousses, enlevez délicatement quelques morceaux de vieilles écorces, vous y trouverez tout un monde ; un numéro de journal ne suffirait pas pour décrire tous les parasites qui sont là cachés, attendant un temps meilleur pour aller, les uns dévorer les tendres feuilles, les autres les boutons, les fleurs et même les fruits.

« Vous rencontrerez surtout là le fameux *Anthonome,* qui, à lui seul, peut faire plus de dégâts que toutes les autres bestioles réunies. Il sera souvent en compagnie de son cousin le coupe-bourgeon, un gaillard qui ne vaut pas mieux.

« Non seulement les vieilles écorces donnent abri aux ennemis du pommier et autres arbres fruitiers, mais elles servent aussi de refuge à un grand nombre d'autres insectes qui s'attaquent aux plantes potagères. Ainsi, cette semaine, en examinant des arbres, j'ai trouvé, sous les écorces, le criocère qui dévore les tiges de l'asperge, l'altise qui mange nos jeunes choux, et une dizaine d'autres espèces.

« L'enlèvement des mousses, des vieilles écorces, de toutes les végétations qui recouvrent nos arbres est donc indispensable.

« Prenez un racloir ou une brosse métallique, nettoyez soigneusement vos pommiers, et surtout recueillez et détruisez, en les brûlant, tous les débris que vous faites tomber du tronc ou des grosses branches.

« Cela suffit-il ? Non ; badigeonnez ces arbres avec un bon lait de chaux, formé de :

Eau....................	100 litres.
Chaux grasse..........	10 kilos.
Sulfate de fer..........	2 —

« On applique le mélange avec une brosse, un petit balai, un gros pinceau, ou, ce qui est bien préférable, à l'aide d'un pulvérisateur. Avec cet instrument, en se servant d'un jet rapide, on peut chauler les arbres très rapidement, sans crainte de détruire les boutons ; de plus, on atteint facilement les grosses branches.

« Au lieu de lait de chaux, on peut employer la formule suivante, indiquée au Congrès pomologique de 1890 à Caen :

    Eau................... 100 litres.
    Sulfate de fer.......... 20 kilos.

XX

La Colonie et les Routes

Si jamais j'ai pu constater combien était peu fondé le préjugé qui conteste aux Français la qualité de colonisateurs, c'est bien en visitant les établissements agricoles de Redir-Sultan.

Pionniers modestes, vaillants et opiniâtres, ils sont là, groupés, une vingtaine de colons qui, séduits par la beauté du site, la qualité des terres et l'abondance des eaux, n'ont pas hésité à s'attacher avec ardeur à mettre en culture une vallée superbe, mais couverte de buissons, éloignée de tout centre de population indigène et privée absolument de moyens de communication. Ils se sont dit : *Aide-toi, l'État t'aidera.*

Mais, jusqu'ici, l'Administration n'a rien fait pour eux. L'attention publique, portée sur leurs compatriotes du Mornag et du Cap Bon, ignore à peu près l'existence de ces intéressants colons, qui ne font pas parler d'eux, et n'osent encore formuler que de timides réclamations ; mais il convient qu'on leur rende enfin justice.

Du reste, le moment critique est arrivé pour eux ; après huit ans d'efforts et de travail, ces fermes commencent à entrer en production. En l'état, il leur sera impossible d'envoyer à Tunis leur vin, leurs céréales, peaux, etc. ; la piste actuelle qui les met en communication avec Tunis est impraticable. S'ils ne peuvent exporter leurs produits, débarrasser leurs caves avant les chaleurs, ces braves colons sont perdus et menacés de perdre aussi bien le fruit de huit années de labeur acharné que les capitaux engloutis dans leurs exploitations agricoles. C'est pour eux une question de vie ou de mort! Il faut donc que l'Administration prenne en main la cause de gens qui, en s'établissant en Tunisie, ont compté que l'appui du Protectorat Français ne leur ferait pas défaut, le jour où ils auraient démontré par leurs travaux qu'ils y avaient droit.

Redir-Sultan se trouve à 35 kilomètres seulement de Tunis, dans la direction du Fahs. La route qui y conduit part du troisième kilomètre de la route de Tunis au Kef, côtoie le lac Sedjoumi, franchit les collines qui forment le petit massif de la Mohammedia et traverse ensuite des plaines excessivement fertiles, mais peu cultivées jusqu'ici.

Je viens de parler d'une route, c'est à tort! Il n'y a qu'une piste, qui a bien pu être améliorée à un moment donné, mais qui ne s'en ressent guère. C'est, du reste, ainsi que tournent ces améliorations de piste, si coûteuses relativement et si peu durables! A la suite de pluies récentes, on peut dire que Redir-Sultan est inabordable. J'ai mis plus de sept heures, avec une voiture attelée de quatre vigoureux chevaux, pour faire un trajet qui ne devrait prendre que deux heures et demie, si la route était praticable.

Il est absolument impossible aux charrettes de desservir cette région pendant les mois pluvieux, et je connais un colon dont l'araba, chargé d'une seule bordelaise de vin, a mis plus de trois jours pour venir à Tunis.

Dans ces conditions, la construction d'une route ne saurait plus être ajournée. On en a établi pour des régions bien moins intéressantes au point de vue colonial ; la retarder plus longtemps serait consommer la ruine d'un nombre considérable de colons qui ont mis dans leurs travaux toutes leurs espérances et qui toucheraient au succès s'ils pouvaient facilement communiquer avec Tunis.

Cette route, en somme, est facile à établir; les travaux d'art et les terrassements sont insignifiants, et si l'on voulait enfin s'astreindre à faire économiquement les routes, nous sommes persuadé que les Travaux publics pourraient créer une voie de communication entre Redir-Sultan et Tunis pour un prix de 150.000 francs seulement.

Il faut bien le dire, cette route ne servirait pas seulement à Redir-Sultan; tout le parcours est bordé de fermes et de cultures européennes. Cette vaste contrée, très propice à la petite colonisation, n'attend qu'une route pour se couvrir de petites et grandes exploitations agricoles.

Les bords du lac sont déjà conquis; à chaque pas on découvre les toitures de tuiles qui annocent l'Européen. Dans notre trajet, nous passons à côté des fermes Truelle, Kessler, Lepaige et de tant d'autres dont nous ignorons les noms. Lorsqu'on atteint les pentes des collines qui dominent le lac Sedjoumi, on rencontre à chaque pas des lopins de terre défrichés par des Siciliens ou des Calabrais qui y plantent la vigne, l'olivier et l'amandier. Plus loin, c'est Birine, qui appartient à un riche minotier de Constantine. Après avoir franchi ces collines, on découvre de vastes plaines qui s'étendent depuis l'oued Miliane jusqu'à la vallée de la Mornaghia.

Cette contrée est superbe; le sol, formé de riches alluvions, est couvert de cultures indigènes, fèves et lin, de la plus belle venue. Il y a là en perspective un grand avenir pour la colonisation future.

Un peu plus loin, se trouvent les fermes de MM. Reville et Coquerel, avec de grandes plantations de vignes et d'arbres fruitiers. Après avoir longé la propriété Biancho, on découvre Redir-Sultan, à l'aspect pittoresque et sauvage.

Ce vaste pays est couvert de buissons, mais une vingtaine de fermes percent au milieu, avec leurs toits rouges et leurs cultures conquises sur les bois. On ne peut s'empêcher d'admirer le courage et la foi de tous ces colons, grands et petits, qui n'ont reculé devant aucun obstacle et ont vaincu la nature. Ils défrichent sans trêve et conquièrent chaque année, sur la broussaille épaisse, d'excellents morceaux de terre qu'il mettent en vignes et en céréales. Beaucoup font du bétail ; quelques-uns greffent les oliviers sauvages, qui abondent dans la contrée.

Il y a encore des milliers d'hectares ; chaque année, on en défriche quelque partie. Chaque année aussi, le nombre des colons grandit, et le petit noyau du début est enfin devenu un groupe important. Avec la route, il grandira encore, et la Tunisie aura là un de ses centres les plus considérables. Du reste, les ruines que l'on rencontre à chaque pas témoignent de l'importance que le pays avait au temps des Romains.

Si le courage des habitants de Redir-Sultan est à citer, il faut citer aussi leur habileté et leurs soins. Nous avons vu là des vignes qui peuvent concourir sans crainte avec les vignobles les mieux tenus du Mornag et du Cap Bon. Tout est en bon état, les animaux et les cultures. Les installations sont simples, car beaucoup de ces colons ne sont pas riches, mais elles sont bien comprises, bien entretenues. Enfin, les figures que nous avons vues démontrent que le pays ne laisse rien à désirer au point de vue de la salubrité.

Comme on le voit, il y a là une colonie vaillante, qui ne demande qu'à grandir et se développer ; mais pour cela il lui faut une route, et ce serait une injustice, presque un crime, de la lui refuser plus longtemps.

L'extension rapide des voies de communication est réclamée par toute la Colonie, mais il convient de commencer par celles qui pourront d'abord desservir les points déjà occupés par nos colons, et de les relier aux centres les plus proches. Arrivés au moment de la production, les routes leur sont indispensables pour transporter leurs récoltes.

L'Administration des Travaux publics devra tenir compte de cette situation en établissant le programme des prochains travaux à réaliser.

APPENDICE

Conseils relatifs aux Achats immobiliers

Je crois être utile aux futurs colons qui viendront se fixer en Tunisie en leur donnant quelques conseils sur les précautions qu'il me paraît prudent de prendre au sujet des formalités auxquelles donnent lieu les acquisitions d'immeubles dans ce pays, qu'il s'agisse de propriétés immatriculées ou non.

Il arrive si souvent des déceptions et des désagréments à la suite d'achats immobiliers conclus à la hâte, qu'il est bon de mettre en garde les futurs acquéreurs contre les conséquences possibles qu'entraîne ce genre d'opérations. C'est pour cela que j'ai eu recours à un de nos praticiens les plus distingués pour me procurer des renseignements précis et sûrs.

CONSEILS

RELATIFS

AUX ACHATS IMMOBILIERS

I

Immeubles immatriculés

Quand on achète un immeuble immatriculé, il n'est pas besoin d'être grand clerc pour s'assurer de la régularité de son acquisition. L'acheteur n'a qu'à se faire représenter par le vendeur la copie du titre de propriété que tout possesseur de biens immatriculés doit avoir en mains. Il y verra au nom de qui est le titre, et il lui suffira de traiter avec le ou les titulaires, sans plus s'occuper des tiers, car, sous l'empire du régime de l'immatriculation, aucun droit non inscrit n'est admis, aucune hypothèque légale occulte n'existe, aucun bail dépassant un an et non mentionné à la Conservation Foncière n'est opposable à l'acquéreur, s'il ne lui a été expressément révélé et imposé par le vendeur.

D'autre part, l'état civil des propriétaires étant reproduit dans le titre (date et lieu de naissance, mariage et régime matrimonial, indication de l'inaliénabilité ou du mode de remploi s'il s'agit de biens appartenant à des femmes dotales ou à des mineurs), il est facile à l'acquéreur de se rendre compte de la capacité et de l'identité des contractants, identité qui sera encore assurée par le fait que leurs signatures devront être légalisées si le contrat n'a pas lieu par acte notarié.

Il en est de même en ce qui concerne les charges (enzels, servitudes et hypothèques), qui toutes sont inscrites sur le titre.

Toutefois, il peut se produire entre autres cas les suivants :

1º Le titulaire de la propriété immatriculée est décédé et ce sont ses ayants droit qui aliènent.

Dans cette hypothèse, il importe, pour être certain de traiter valablement, d'exiger les pièces régulières (actes de notoriété, *oufa* ou acte de décès, partage, etc., etc.) constatant qu'il n'existe pas d'autres héritiers ou ayants droit que les vendeurs, et que ceux-ci ne sont point incapables.

Suivant la nationalité des parties, ces pièces émaneront des notaires et juges tunisiens, des consuls, ou du Tribunal français.

En pareille occurrence, il sera prudent de consulter un praticien auquel les questions de droit international et de droit tunisien sont familières. Il convient même de soumettre le projet de l'acte à M. le Conservateur de la Propriété Foncière, qui, accueillant toujours avec une urbanité des plus appréciées tous intéressés, se fera un plaisir de leur donner tous renseignements utiles, c'est-à-dire qu'il convient de ne payer qu'après assurance que l'acte d'aliénation sera reçu et admis à la Conservation Foncière.

2º Le titulaire de la propriété immatriculée a perdu la capacité qu'il avait au moment de la constitution du titre.

Cela peut arriver de plusieurs façons. Il a pu être interdit, soit légalement, soit judiciairement, ou pourvu d'un conseil judiciaire ; ou bien, il s'agit d'une célibataire qui s'est mariée, ou d'une veuve qui s'est remariée.

L'interdiction légale est toujours connue, puisqu'elle suppose une peine affective et infamante en cours.

Si l'acquéreur a des doutes pour les autres cas d'interdiction judiciaire ou de conseil judiciaire, il lui est loisible de vérifier la capacité du contractant, quand il s'agit de Français, en demandant un certificat de non interdiction ou de non conseil judiciaire au greffe du lieu de naissance du vendeur, ou au greffe du Tribunal de la Seine, quand le vendeur est né à l'étranger ou dans une colonie.

En effet, la loi toute récente du 16 mars 1893 a organisé un contrôle nouveau à cet égard, en exigeant la tenue d'un registre spécial aux greffes précités.

Pour les étrangers, c'est une vérification à faire au Consulat dont ils ressortent; pour les indigènes, auprès des autorités musulmanes, par l'intermédiaire du Secrétariat général du Gouvernement tunisien. D'une façon générale, ce sera une bonne précaution, quand on achètera à des indigènes, de se renseigner comme nous venons de le dire. Car, trop souvent, l'interdiction est prononcée par le tribunal musulman pour simple prodigalité, et comme la publicité n'est pas organisée en droit musulman comme en droit français, on s'expose fréquemment à traiter avec des incapables.

A noter que les membres de la famille beylicale sont interdits de plein droit, et qu'ils ne peuvent passer aucun acte valable sans le concours de l'administrateur qui leur est désigné par S. A. le Bey.

On sait généralement quand une femme est mariée ou ne l'est pas. Si une fille célibataire est devenue femme mariée, ou si une veuve a convolé en de nouvelles noces, l'acquéreur devra exiger l'autorisation régulière du mari et la production du contrat de mariage, à l'effet de se rendre compte s'il n'existe pas de clauses de dotalité ou de remploi.

Toutefois, il peut arriver qu'une femme libre au moment de la constitution du titre de propriété se soit mariée d'une façon plus ou moins publique, plus ou moins connue, et que, séparée ensuite de son mari, elle cache son union et traite sous son nom de fille ou de veuve. Il nous semble qu'en tel cas l'acheteur de bonne foi ne pourrait être déclaré responsable de cette fraude, et qu'il serait suffisamment garanti s'il avait pris le soin de faire déclarer dans l'acte, par la contractante, sa qualité de célibataire ou de veuve non remariée.

3o La copie du titre de propriété relate, en principe, toutes les charges, et notamment les hypothèques conventionnelles; mais il peut se produire que le Président du Tribunal ait autorisé, conformément à l'article 249 de la loi foncière, l'inscription d'un droit éventuel; qu'une inscription au profit de mineurs ou de femmes mariées ait été effectuée conformément aux articles 359 et suivants de la même loi; qu'un commandement expropriatif ait été inscrit, ou qu'une saisie réelle ait été transcrite. Or, toutes ces mentions ne figureront jamais sur la copie du titre de propriété qui se trouve aux mains du propriétaire, si celui-ci ne l'a pas rapportée de bonne volonté à la Conservation Foncière, pour les faire mentionner de son plein gré.

Le seul moyen de se mettre alors en règle est de requérir de M. le Conservateur de la Propriété Foncière, en vue de l'acquisition qu'on se propose de faire, un état de toutes les charges nouvelles pouvant exister depuis le..... (date de la dernière mention faite sur la copie du titre de propriété). Si le certificat est négatif, c'est qu'on peut se fier entièrement à la copie du titre qui se trouve aux mains du vendeur. Si le certificat relate des charges nouvelles, il faudra en tenir compte.

OBSERVATIONS

A.— La purge des hypothèques inscrites, appelée plus communément en France *dénonciation de contrat,* se fait d'après la loi française, si le prix d'acquisition est inférieur aux hypothèques existantes. Les créanciers hypothécaires ont également, comme en France, la faculté de faire la surenchère du dixième. Le règlement du prix, en matière de biens immatriculés, se fait aussi comme en France, par voie d'ordre amiable ou judiciaire.

B. — Les actions possessoires ne sont pas admises sous l'empire du régime de l'immatriculation, qui rend l'immeuble imprescriptible.

La possession annale ne crée donc aucun droit en faveur des usurpateurs, qui peuvent être expulsés par un simple référé.

C. — Les hypothèques prises sur les immeubles immatriculés subsistent et sont valables jusqu'à la radiation. Elles ne sont pas soumises à la prescription décennale, qui atteint les hypothèques de France.

II

Immeubles non immatriculés

Il faut distinguer, soit qu'il s'agisse d'achats à l'amiable, soit qu'il s'agisse d'achats à la barre du Tribunal.

ACHATS A L'AMIABLE

Il ne faut jamais acheter sans se faire représenter le titre de propriété arabe originaire. Ce n'est que dans de très rares cas qu'on pourra se contenter d'une *outika,* ou acte de notoriété, et encore faudra-t-il consulter. Ce qu'on appelle le titre de propriété arabe originaire est un parchemin roulé *(plus le titre est ancien, meilleur il est)* qui relate la création de la propriété et les mutations successives. Il a, de ce côté, une analogie frappante avec le nouveau titre de propriété délivré par la Conservation Foncière pour les biens immatriculés.

Ceci fait, il y a lieu, suivant le cas, d'adopter les mêmes

précautions que celles indiquées pour les biens immatriculés, aux paragraphes 1er (cas de décès et vente par les ayants droit du propriétaire) et 2e (perte par le vendeur de sa capacité de disposer).

Une des premières mesures à prendre est de faire vérifier le titre de propriété arabe de l'immeuble dont on veut faire l'acquisition par un notaire arabe sérieux ou par un interprète judiciaire pour la langue arabe compétent pour s'assurer de sa régularité et de sa validité. Un œil exercé peut seul reconnaître un faux titre d'un bon — malheureusement, il existe quelquefois de faux titres — et découvrir les grattages et surcharges.

Si cet examen est favorable, on agira sagement, surtout pour les propriétés rurales n'ayant pas de limites naturelles, en faisant faire sur place l'application des limites énoncées aux titres. Souvent, cette application ne peut être faite que par les notaires et les amines tunisiens, étant donné que rarement les titres arabes mentionnent la contenance; que des levées de terre, des arbres ou des buissons indiqués comme confins ont disparu; qu'il y a eu modification dans l'état des lieux, et encore que l'orientation arabe n'est pas la même que la nôtre.

D'autre part, chez les musulmans, la possession peut faire, comme chez nous, acquérir la propriété. Il faut donc, non seulement s'assurer que le titre de propriété est en règle, mais encore que le vendeur a la possession utile de l'immeuble désigné dans ce titre de propriété, et que des tiers ne l'occupent pas depuis un temps suffisant pour prescrire.

La nature des précautions à prendre sera déterminée par les circonstances, et la première de ces précautions sera de ne recourir qu'au ministère de notaires tunisiens honorablement connus; nous ne saurions trop insister sur ce point. Cependant, voici un cas qui peut se présenter et qui ne laisse pas que d'embarrasser, étant donné qu'en dehors du titre de propriété arabe dont nous venons de parler, il n'y a rien d'analogue au Bureau des Hypothèques de France, où tout est public et où, toutes les mutations et hypothèques étant mentionnées, il y a possibilité de connaître la vérité :

Un immeuble appartenant à un indigène est saisi à la requête de l'un de ses créanciers européens chirographaires. (Le cas ne peut se présenter pour le créancier hypothécaire, car alors, suivant l'usage du pays, celui-ci a reçu en gage le titre de propriété, et comme *toute vente faite sans remise de ce titre est nulle* à l'égard du gagiste, c'est une des raisons pour lesquelles nous avons un peu plus haut insisté pour que l'acquéreur exige le titre de propriété de son vendeur.)

Quand c'est un créancier européen qui poursuit ainsi la vente d'un immeuble, même appartenant à un Tunisien, les formalités de saisie, d'après les règles de compétence, ont lieu devant le Tribunal français et en la forme voulue par la loi française, sauf toutefois la transcription du procès-verbal de saisie au Bureau des Hypothèques, transcription impossible puisque ce bureau n'existe pas. Il est vrai de dire que, par mesure d'ordre intérieur, les avocats-défenseurs font viser les saisies immobilières au greffe ; mais ce visa, qui peut rendre des services, n'équivaut en rien à la transcription. Même en vérifiant soigneusement le registre *ad hoc* du greffe, on pourrait ne pas retrouver l'immeuble que l'on cherche, y figurât-il. C'est que les noms arabes sont différemment orthographiés par les uns et par les autres, et que les désignations concordent rarement.

C'est, du reste, la défectuosité du régime hypothécaire tunisien qui a nécessité la création de l'immatriculation. Or, le saisi, n'ayant pas de créancier hypothécaire, a gardé par devers lui le titre de propriété arabe de l'immeuble, et, soit de mauvaise foi, soit en ignorant la portée d'une saisie française, il rentre en pourparlers avec un acquéreur et lui passe, devant notaires arabes, la vente de l'immeuble saisi ; les notaires, en présence de la production du titre arabe, régularisent l'aliénation.

L'acquéreur fait endosser ce titre en son nom, paie et se dispose à se mettre, de la plus entière bonne foi, en possession, — quand, pendant cet intervalle, la saisie se poursuit devant le Tribunal français, et l'adjudication a lieu au profit d'un nouvel acquéreur qui, lui aussi, est de la plus entière bonne foi et veut prendre également possession de son acquisition ; d'où conflit, ce qui s'est vu plus d'une fois !

L'acquéreur à l'amiable sera-t-il évincé et perdra-t-il son argent, sous le prétexte qu'une saisie qu'il ne pouvait légalement connaître avait mis l'immeuble sous la main de la justice? Cela pourrait bien arriver.

Aussi, croyons-nous que, vu l'imperfection du système foncier tunisien, il faut introduire dans les mœurs tunisiennes l'usage qui existe en France en matière de vente de fonds de commerce, c'est-à-dire faire paraître dans un journal local l'avis de l'acquisition qu'on a faite ou qu'on veut faire d'un immeuble, avec une désignation suffisante pour qu'on puisse le reconnaître, et ne payer que quelques jours après, s'il ne survient pas d'opposition.

Et c'est le conseil que nous donnons aux acquéreurs qui traitent avec des gens d'une solvabilité équivoque.

III

Achats à la barre du Tribunal

On prétend qu'il n'y a pas, en France, de vente plus solide, moins sujette à aléa qu'une vente judiciaire. Il est juste de dire qu'en France, la propriété étant établie depuis des siècles, les revendications sont rares.

En Tunisie, on ne saurait trop recommander aux adjudicataires d'apporter la plus grande circonspection quand ils misent des immeubles vendus judiciairement. La raison en est surtout que les cahiers des charges sont en général insuffisamment rédigés, et qu'au milieu d'un texte volumineux on trouve trop de clauses dangereuses et mal conçues.

Il semble que le moment soit venu de profiter des leçons de l'expérience pour adopter un cahier des charges-type dans lequel tout le monde puisse voir clair. Ne se décidera-t-on pas bientôt à supprimer cette phrase absurde, que : *s'il y a un enzel, l'adjudicataire le paiera, quel qu'il soit,* de telle sorte que — cela s'est vu — l'accessoire (l'enzel inconnu et que rien ne révèle) peut arriver à être plus onéreux que le prix principal d'adjudication sur lequel on s'est basé? Pourquoi ne pas réserver, en pareil cas, à l'adjudicataire qui se trouve en présence d'une charge ignorée, hors de proportion avec son prix, le droit de délaisser?

En suivant les errements du passé, on s'expose à déconsidérer les adjudications faites au Tribunal, et l'on favorise les surprises quand ce n'est pas la mauvaise foi.

Nous sommes donc obligé de dire aux amateurs :

« N'achetez un immeuble au Tribunal que si vous « savez où est le titre de propriété arabe et quelles char- « ges exactes (enzels ou servitudes) il renferme. En un « mot, abstenez-vous plutôt, quand la situation parfaite « n'est pas connue, tant qu'on n'aura pas réformé le « modèle des cahiers des charges. Car, autrement, au « lieu de faire une bonne affaire, vous achèteriez peut- « être votre ruine. »

Dans cet ordre d'idées, formulons un vœu : C'est, qu'usant du bénéfice du décret du 17 mars 1892, les créanciers saisissants fassent immatriculer l'immeuble préalablement à l'adjudication, toutes les fois que cet immeuble est assez important pour que les frais d'immatriculation ne soient pas hors de proportion avec sa valeur.

Les revendications après adjudication sont très nombreuses, trop nombreuses même, au Tribunal.

Cela dénote que les poursuites ne sont pas toujours exercées par les créanciers avec la prudence nécessaire. Mais ce danger est beaucoup moins grave maintenant pour les adjudicataires qu'il ne l'était autrefois, depuis la promulgation du décret sus-visé du 16 mars 1892, qui permet aux adjudicataires de s'opposer à la distribution de leur prix avant l'immatriculation, pourvu qu'ils consignent ledit prix et requièrent l'immatriculation dans le mois. De la sorte, les acquéreurs ne sont plus exposés, comme autrefois, à voir disparaître leur prix d'adjudication sans pouvoir prendre possession de l'immeuble en vue duquel ce prix a été versé. Aussi, ne saurions-nous trop engager les adjudicataires des ventes judiciaires à se conformer aux prescriptions, si avantageuses pour eux, que nous venons de rappeler.

Un dernier mot. Si les adjudicataires ne connaissent pas exactement la situation, qu'ils se trouvent en présence de la moindre difficulté, le mieux pour eux, afin de ne pas effectuer un paiement reprochable et susceptible d'être annulé, est de déposer leur prix à la caisse des dépôts et consignations, à la charge de toutes les oppositions qui auraient pu leur être signifiées et de toutes créances révélées par des dires insérés au cahier des charges.

De cette façon, ils seront certains d'être valablement libérés.

Ce n'est pas que la consignation, en bien des cas, soit le seul mode de libération licite. Non, car l'adjudicataire peut être valablement mis à l'abri en payant conformément à une décision judiciaire régulière et passée en force de chose jugée, dans laquelle figureraient tous les intéressés : prétendants droit et partie saisie. Ce que nous voulons recommander, c'est de s'abstenir, autant que possible, de ces paiements faits, comme autrefois, *à la bonne franquette,* entre les mains d'un poursuivant qui n'était peut-être pas le seul ayant droit, ou entre les mains d'un créancier hypothécaire dont la créance n'était pas reconnue régulièrement, hors la présence du saisi et de tous ceux qui auraient intérêt à la contester.

La sécurité dans les transactions est le meilleur moyen d'amener des capitaux et des colons en Tunisie, et c'est pourquoi nous appelons, d'une façon que d'aucuns pourraient trouver méticuleuse, l'attention des émigrants et de ceux qui font des affaires dans ce pays.

IV

Achats de Rentes d'Enzel

Que le lecteur nous permette une courte remarque à ce sujet. L'achat d'une rente enzel (l'enzel est une redevance annuelle et perpétuelle, le plus généralement irrachetable, grevant un immeuble) constitue incontestablement un des meilleurs placements. Toutefois, les amateurs devront s'assurer, dans les conditions que nous avons signalées pour les achats des immeubles, que le titre est régulier, et que les vendeurs ont la capacité requise pour aliéner, quittancer et recevoir.

Ensuite, ils ne devront pas perdre de vue que l'enzel, pour être un placement de tout repos, doit être garanti par un immeuble dont le revenu normal et facile soit plus que suffisant pour assurer le service de la rente.

Se méfier dès lors des revenus factices et d'occasion, car on courrait grand risque de n'être point payé de la rente d'enzel et d'être contraint de poursuivre l'expropriation, ensuite de laquelle on aurait beaucoup de chances de devenir adjudicataire d'un immeuble inférieur par sa valeur au capital de la rente. (En Tunisie, on capitalise d'ordinaire la rente d'enzel par seize annuités.)

Une observation encore pour finir, et qui est le corollaire de la précédente.

Souvent, la rente d'enzel représente le prix moyennant
lequel un propriétaire a aliéné son sol; ce propriétaire
vendeur s'appelle *crédit enzeliste*, et le débiteur de
l'enzel devient le *débit enzeliste*. Sur le sol ainsi acheté,
le débit enzeliste élève une construction. Or, la jurisprudence a décidé, en pareille matière, qu'en cas d'expropriation, s'il n'y avait pas à cet effet clause expresse
d'affectation hypothécaire, la rente d'enzel ne grevait
que le sol vendu et ne frappait point la construction, et
qu'il y avait lieu, pour la distribution, d'effectuer une
ventillation sur le prix entre le sol et les constructions.
De telle sorte que, dans cette hypothèse, le crédit-enzeliste qui rachèterait l'immeuble exproprié, à défaut
d'enchérisseur, serait forcé de verser effectivement une
partie de son prix d'adjudication au profit des autres
créanciers. En pareil cas, et quand il y a des craintes à
avoir, le crédit enzeliste aurait donc meilleur compte
de demander purement et simplement la résolution du
contrat d'enzel pour inexécution, et de reprendre son
terrain, s'il n'était pas à la tête de ressources suffisantes
pour faire face à l'adjudication, ou si le poursuivant refusait de laisser insérer une clause mettant, quoi qu'il
arrive, l'enzel échu et à venir à la charge personnelle
du futur adjudicataire.

V

Frais de Mutation et Impôts de toute nature

Depuis le décret du 1er novembre 1893, les frais de
timbre et de mutation sont à la charge de l'acquéreur.
(Autrefois, les droits de mutation, dits *carroube,* étaient

à la charge du vendeur, comme il en est encore des droits de mahsoulats.)

Ces frais (outre le papier timbré à 60 cent., 1 fr. 20, 1 fr. 80, etc., suivant le format ou le nombre de feuilles employées) sont aujourd'hui de 4 % sur chaque prix de vente, augmenté des charges en sus, autres que les charges normales. Si l'acquisition consiste en un fonds grevé d'enzel, pour le calcul des droits on multiplie l'enzel par huit annuités.

Ne pas oublier qu'à peine d'un triple droit, l'impôt de 4 % doit rigoureusement être acquitté au bureau des Contributions Diverses dans les soixante jours (nous disons 60 jours et non deux mois, qui pourraient faire 61 ou 62 jours, suivant les mois). En cas de retard ou d'omission, l'Administration frappe, en effet, le vendeur d'une amende égale à un droit, et l'acquéreur d'une amende semblable, non compris la perception du droit simple.

(Ce système de pénalité, plus dur que celui existant en France, où, tout compte fait, il n'est perçu en cas d'infraction qu'un double droit, tout compris, nous paraît devoir être modifié, tout à la fois dans l'intérêt du Trésor et dans l'intérêt des contribuables. La pénalité devrait être en raison de l'étendue du retard ; ainsi, par exemple, pendant le premier mois qui suivrait l'expiration du délai légal de soixante jours, l'amende serait d'un cinquième du droit, et ainsi de suite jusqu'à ce que le maximum du double droit en sus ait été atteint, toujours avec solidarité contre l'acheteur et le vendeur. De cette manière, le contrevenant aurait intérêt, quoiqu'il fût déjà en faute, de régulariser le plus tôt possible, puisque cette régularisation dans un délai rapproché serait beaucoup moins onéreuse pour lui. L'Administration serait fondée alors à se montrer moins conciliante pour accorder des remises d'amende, et beaucoup de mutations sous seing privé, qui passent inaperçues maintenant et qui n'ont point été relevées à cause de l'excessive rigueur de la méthode actuelle, seraient déclarées, au grand bénéfice des Contributions Diverses. En un mot, ce serait l'établissement de *l'amende graduée* et proportionnelle à la faute.)

Enfin, l'acquéreur de tout immeuble doit se souvenir, avant de payer son prix, que d'après les lois fiscales l'immeuble et ses revenus répondent par privilège de tous impôts arriérés (or, en Tunisie, d'après un récent arrêt de cassation, les impôts ne se prescrivent que par quinze ans). Donc, pour éviter d'être personnellement responsable de quinze ans d'impôts, l'acheteur s'enquerra, à la Recette municipale, de la situation des biens, ou, auprès du Receveur des Contributions Diverses ou du Contrôleur civil, etc., s'il est dû des taxes telles que carroube, balayage, égouts, achour, dîme, kanoun, taxes phylloxériques, etc., etc., le tout suivant la nature de l'immeuble acheté, et il emploiera avant tout son prix à l'acquit de ces créances privilégiées, comme il l'emploiera après au paiement des créanciers hypothécaires, s'il en existe, avant de verser quoi que ce soit à son vendeur.

VI

Rectification qui s'impose dans la Loi foncière régissant les immeubles immatriculés en Tunisie

Le but de l'immatriculation — ses auteurs l'ont hautement proclamé — est de mettre les propriétaires à l'abri de toute revendication et d'assurer la sécurité de la propriété ; en un mot, de rendre les immeubles imprescriptibles une fois immatriculés. Tous les articles de la loi foncière — sauf celui dont nous parlerons bientôt — concourent à ce but.

C'est pour cela que les législateurs de 1885 et de 1892

sacrifient toute hypothèque légale non inscrite, repoussent toute charge non mentionnée, ne reconnaissent aucune possession ou servitude contraires au titre de propriété.

Et, quand tout a été laborieusement échafaudé pour arriver à ce résultat, voici qu'un paragraphe restrictif de six lignes, intercalé *in fine* de l'article 187, vient renverser à lui seul toute l'économie de la loi et rendre, sous certain rapport, le régime de l'immatriculation plus incertain, plus dangereux et plus instable pour la propriété immobilière que le régime antérieur, contre lequel on s'était complu à amasser des critiques, et que le régime français, sur lequel la loi nouvelle tunisienne devait cependant réaliser un progrès.

Pour bien comprendre notre grief, il faut avoir sous les yeux le texte incriminé.

Les rédacteurs de la loi, section iii, sous le titre : *Des vues sur la propriété de son voisin,* commencent par poser en principe absolu qu'on ne pourra en aucun cas, et sans le consentement du voisin, ouvrir des vues sur le fonds de celui-ci, même dans le mur mitoyen, et ils ajoutent, sans avoir bien réfléchi au contre-sens de cette disposition :

« Les personnes qui auraient à réclamer contre l'ou-
« verture d'une porte ou d'une fenêtre, ou l'élévation
« d'une construction faites contrairement aux disposi-
« tions de la présente section, auront *un délai de six*
« *mois,* à dater de l'ouverture ou de la construction, pour
« formuler leur opposition ; *passé ce délai, elle ne sera*
« *plus recevable.* »

C'est-à-dire que pour les usurpations, dont le plus grand nombre (celles de vue) constituent des servitudes ne pouvant, même après un exercice immémorial, s'acquérir en Tunisie, et ne s'acquérant en France que par *trente ans,* l'immatriculation, qui a la prétention de couper court par avance à tout empiétement et à toute servitude non conventionnelle et non inscrite à la Conservation Foncière, établit une prescription excessivement courte, la plus courte de toutes les législations existantes, favorisant par là la mauvaise foi et obligeant les détenteurs de propriétés immatriculées à une surveillance et à une vigilance de tous les instants — même en cas d'absence, ou de minorité, ou d'incapacité, — alors que précisément cette immatriculation devait leur assurer tout repos et les mettre à l'abri de toute surprise.

C'est là une anomalie qui doit promptement cesser et qu'il est facile de faire disparaître par un simple décret supprimant purement et simplement le dernier paragraphe de la section III.

POSTFACE

Au moment où le travail d'impression de ces Causeries est sur le point d'être achevé, je relis mon volume pour faire, en quelque sorte, un examen de conscience. Je m'aperçois que, guidé par le désir d'être de quelque utilité aux futurs colons, j'ai songé avant tout à dissiper les illusions et à détruire les légendes. Je ne le regrette pas, si cela peut servir à éviter les déceptions et les fautes; mais j'aurais dû aussi faire valoir les avantages réels et nombreux que la colonisation en Tunisie offre à nos compatriotes.

Si j'ai cherché à porter la lumière sur les déboires et les dangers qui menacent les arrivants, il serait bon de ne pas laisser dans l'ombre tout ce qui peut encourager les agriculteurs et faciliter leur tâche.

Il est encore temps de réparer cet oubli, et je vais tâcher d'indiquer brièvement les avantages considérables que ce pays offre à des colons sérieux et expérimentés.

Salubrité.

A de rares exceptions près, le pays est sain et l'air est pur. Il convient à toutes les différentes populations de la France, qui, avec de la sobriété et quelques précautions d'hygiène, peuvent s'acclimater rapidement et vivre en bonne santé.

Du temps des Romains, la réputation de salubrité de ce pays était absolue; Sénèque disait que ses compatriotes n'y mouraient que de vieillesse.

De nos jours, les statistiques médicales ont constaté que la Tunisie était *réfractaire à la phtisie*. Le savant docteur Bertholon a donné les raisons de la remarquable salubrité de la Tunisie, due principalement à une ventilation constante qui s'établit entre les déserts brûlants du Sahara et les zones plus fraîches de la mer méditerranéenne. Le D' Bertholon a expliqué que le Sahara jouait le rôle d'une *cheminée d'appel* et que, par suite de l'abaissement de la chaîne de l'Atlas, les courants d'air circulaient en Tunisie avec moins d'obstacles qu'en Algérie. C'est pourquoi l'air n'y est ni stagnant ni humide, et l'Européen n'a rien à y redouter, s'il a soin de ne pas consommer des eaux corrompues ou mauvaises.

Sécurité.

La sécurité dans les campagnes est complète. J'ai traversé moi-même la Tunisie en tous sens, j'ai couché seul dans les *gourbis* et sous la tente, en plein pays arabe, dans des régions où l'Européen passe rarement, et il ne m'est jamais arrivé aucun ennui ou tracas, à tel point que j'ai fini par ne plus m'embarrasser d'armes qui m'étaient inutiles. Je me suis senti, au milieu des nomades, bien plus en sûreté que dans certains quartiers de nos grandes cités de France.

L'Arabe tunisien est d'un naturel doux et paisible; il a le respect du Français, qui a toujours été bon et équitable dans ses rapports avec lui; il ne partage en rien les instincts guerriers, violents et pillards de ses voisins de l'ouest. Les populations tunisiennes ont accepté sans arrière-pensée le protectorat de la France, sous lequel elles jouissent de conditions de justice et de liberté qui leur faisaient trop souvent défaut à l'époque où l'administration du pays était livrée, sans contrôle, à l'arbitraire des favoris de la cour beylicale.

Nous n'avons pas d'ennemis chez les populations agricoles, et, si nous avions à nous méfier de quelqu'un, ce serait plutôt des héritiers de l'ancienne aristocratie des villes, qui, tout en parlant notre langue, et malgré leurs protestations amicales, regrettent l'époque du gaspillage et de la concussion.

Jusqu'ici, nos colons ont su se faire apprécier des indigènes par leurs habitudes de bienveillance et de loyauté. Si nos colons continuent à marcher dans cette voie, à employer la bonne foi dans leurs transactions et à agir avec équité, si nos Contrôleurs civils remplissent leurs fonctions avec fermeté, zèle et probité, s'ils savent garder leur dignité, réprimer les abus et empêcher les injustices de la part des fonctionnaires indigènes, l'Arabe, qui a un sentiment profond de la justice, continuera à nous estimer et à respecter nos propriétés comme nos personnes.

Climat.

Si la Tunisie est exposée pendant trois mois à de fortes chaleurs, qui sont en somme très supportables pour l'Européen, l'hiver est d'une douceur inconnue même dans le midi de la France.

A part les régions de montagnes élevées, la Tunisie ne connaît pas le froid. La glace n'y apparaît jamais. Le nord de la Régence ressent quelquefois les effets de la gelée blanche, mais c'est seulement en janvier ou février, à un moment où ces gelées ne peuvent être nuisibles. La grêle y est rare.

Main-d'œuvre.

Elle sera abondante et à bon marché si on rapporte la mesure qui assujettit les nègres du Soudan à l'impôt de capitation. Les Arabes et les nègres se contentent d'un salaire journalier de 1 fr. 50 à 2 fr. pour tous les travaux agricoles qui demandent de la force.

Pour les travaux faciles, comme la cueillette des olives et la vendange, on trouve des femmes, des enfants et même des hommes depuis 60 centimes jusqu'à 1 fr. 20 par jour.

Prix des terres de culture

Où trouverait-on à acquérir des terres aux prix de ce pays, puisque, dans les environs des centres de population et à proximité des routes ou des voies ferrées, on peut acheter des domaines propres et cultivés à des prix qui varient entre 150 et 300 fr. l'hectare, sans dépasser cette limite ? En Algérie, la terre dans la même situation coûte au moins le double.

Vie matérielle

Les conditions de l'existence sont bien moins chères qu'en France. La viande, le gibier, le poisson, le pain, les pâtes alimentaires coûtent peu, relativement aux prix d'Europe. On peut vivre très économiquement.

En somme, si la Tunisie n'est pas un *Eldorado*, c'est une contrée dans laquelle un agriculteur est dans d'excellentes conditions pour réussir et prospérer.

***

Au cours de ces Causeries, je me suis souvent plaint des inconvénients du régime fiscal tunisien, et je n'ai pas ménagé des récriminations, souvent amères, au sujet du long retard que subissait la réalisation des réformes reconnues unanimement nécessaires. Mais aujourd'hui que les discussions de la presse locale, des Chambres d'Agriculture et de Commerce, ainsi que de la Conférence Consultative, ont en quelque sorte éclairé la situation sur les vices du système économique de la Tunisie, nous espérons que l'ère des réformes est prochaine.

Notre nouveau Ministre, qui est jeune, que l'on s'accorde à dire actif et énergique, a déjà montré, par ses écrits et par ses paroles de bienvenue, qu'il était un partisan ardent de l'expansion coloniale de la France. Nous pouvons donc espérer qu'il saura résoudre les questions que ses prédécesseurs ont étudiées et préparées pendant une dizaine d'années.

La Colonie a toute confiance en lui, et nous sommes persuadé qu'il ne trompera pas son attente.

TABLEAU DES VŒUX

ÉMIS PAR LA CHAMBRE D'AGRICULTURE

DEPUIS SA CRÉATION

N° D'ORDRE	NATURE DES VŒUX
1	Création de gardes assermentés......................
2	Autorisation d'exporter les olives fraîches ....
3	Essai d'impôt foncier à Djerba ....
4	Réforme de la dîme sur les huiles et son remplacement en un impôt par surface complantée...............
5	Interdiction du territoire à toute personne ne pouvant justifier de son identité........................
6	Réglementation du port d'armes......................
7	Recensement des oliviers et dattiers soumis au *kanoun*.
8	Simplification du décret sur les terres sialines; immatriculation en bloc des terres nues restant à planter.
9	Modification des droits d'*achour*....................
10	Réforme des mahsoulats.............................
11	Réforme de l'impôt sur les légumes et fruits; remplacement des droits de marché par un droit d'octroi..
12	Suppression du monopole du plâtre....................
13	Études des mesures efficaces pour reboiser graduellement les hauteurs; encouragements au reboisement.
14	Exemption de l'impôt pour les oliviers sauvages qui seraient greffés................................
15	Destruction des nids de moineaux....................
16	Application du système métrique.....................
17	Admission en franchise à leur entrée en France des eaux-de-vie tunisiennes........................
18	Création d'une école coloniale agricole ....
19	Suppression des droits d'exportation sur les laines.....
20	Établissement du Service du Contrôle des chemins de fer
21	Amélioration de la race mulassière; acquisition par l'État de baudets reproducteurs....................
22	Exemption de la *medjba* pour les nègres du centre africain.......................................

RÉSULTATS OBTENUS	OBSERVATIONS
Aucun.	L'Administration a montré ses dispositions défavorables.
—	Pas de réponse.
—	Le projet est prêt depuis trois ans, mais parait abandonné.
—	L'Administration est opposée à cette réforme, et la Direction de l'Agriculture s'est prononcée pour le maintien de la dime.
—	Pas de réponse.
Décret conforme.	
—	
Aucun.	Pas de réponse. La lenteur des formalités décourage les demandeurs en concession.
—	Pas de réponse.
—	La question est à l'étude depuis dix ans.
—	Promesses favorables de l'Administration depuis quatre ans : on annonce toujours une solution prochaine.
—	*Idem.*
—	Pas de réponse ; la question n'a même pas été étudiée par le Service compétent.
—	Aucune réponse.
—	La loi existe, mais n'est pas appliquée.
Promesses.	Sera sans doute appliqué l'année prochaine.
Aucun.	Pas de réponse.
—	A l'étude.
—	Pas de réponse.
—	Id.
—	Id.
—	Opposition de la Direction des Finances.

N^{os} D'ORDRE	NATURE DES VŒUX
23	Réduction de l'impôt de la carroube sur les constructions rurales.............................
24	Amélioration de la race chevaline *(vœux de la Commission hippique)* ....
25	Délimitation des forêts de l'État........................
26	Recherches et utilisation d'eaux; barrages et irrrigations ....
27	Location à long terme des propriétés habous..........
28	Autorisation de cultiver le tabac......................
29	Augmentation de la représentation agricole à la Conférence Consultative..........................
30	Construction de routes économiques....................
31	Modification de la législation au sujet des litiges entre Européens et indigènes..........................
32	Revision du décret sur les élections à la Chambre d'Agriculture.....................................
33	Création d'un service vétérinaire ....
34	Publicité des ventes immobilières faites par l'Ouzara..
35	Extension de l'organisation judiciaire en Tunisie......
36	Établissement des poids et mesures....................
37	Suspension de l'exportation du gibier.................
38	Division des enzels habous en cas de morcellement....

En résumé :

sur 38 vœux émis par la Chambre

d'Agriculture :

RÉSULTATS OBTENUS	OBSERVATIONS
Aucun.	Refus de la Direction des Finances.
—	Pas de réponse.
—	Id.
—	Promesses vagues du Résident, M. Rouvier.
—	Pas de réponse.
—	Id.
—	Id.
—	Promesse de la Direction des Travaux publics d'étudier la question.
—	Pas de réponse.
—	Id.
—	Ajournement de l'étude de la question à la prochaine Conférence.
—	Pas de réponse.
—	Id.
—	Id.
Décret conforme.	
Aucun.	Pas de réponse.

3 ont reçu satisfaction;

6 sont *étudiés* par l'Administration;

5 ont reçu des réponses défavorables,

et 24 n'ont reçu aucune réponse : ce sont les plus
importants, avec ceux qui ont échoué.

BIBLIOGRAPHIE

OUVRAGES ET PUBLICATIONS dont la lecture est recommandée pour l'étude des questions de colonisation tunisienne ou algérienne.

J. Saurin .... Manuel de l'Émigrant en Tunisie ; chez Challamel, éditeur à Paris.

— Manuel de l'Émigrant en Algérie ; même éditeur.

Millot .... Traité d'Agriculture algérienne ; même éditeur.

Gaillardon ..... Manuel du Vigneron en Algérie et en Tunisie ; même éditeur.

Un Vigneron Algérien .. Manuel de Viticulture ; librairie de *La Maison rustique*, à Paris.

Dejernon .... Les Vignes et les Vins d'Algérie ; même librairie.

Lescure .... L'Agriculture algérienne ; même librairie.

Rivière .... La Vigne et la Vinification en Algérie ; librairie Jourdan, à Alger.

Borgeaud et Barbier .... Guide pratique du Vigneron algérien ; même librairie.

Vallier .... Calendrier du Cultivateur en Algérie ; même librairie.

Massol .... Prés, Foins et Bétail en Algérie ; même librairie.

Bourde .... Rapport sur l'Élevage du Mouton ; chez tous les libraires, à Tunis.

— Rapport sur la Culture de l'Olivier ; mêmes librairies.

Fallot .... Notice sur la Tunisie ; mêmes librairies.

— Dix Années de Protectorat ; mêmes librairies.

KNILL .... Note sur la Culture du Sulla ; chez l'auteur, à Sétif.

VEROT .... Le Potager algérien ; chez Giralt, éditeur à Alger.

— L'Arboriculture forestière ; même éditeur.

— L'Arboriculture fruitière ; même éditeur.

IBN EL AWAM .... Le Livre de l'Agriculture, traduit de l'arabe, chez Faivre, éditeur à Paris.

COUTANCE .... L'Olivier ; chez Rothschild, éditeur à Paris.

DEMOOR .... Le Tabac ; chez Lacroix, édit' à Paris.

PAULARD .... Les Richesses de la Tunisie ; chez tous les libraires, à Tunis.

CLÉMENT .... L'Apiculture moderne ; librairie Larousse, à Paris.

VIGER .... Étude sur la Question Ovine en Algérie ; au Ministère de l'Agriculture.

OTTAVI .... Fumure des Vignes ; librairie Coulet, à Montpellier.

UN VIEIL ALGÉRIEN ..... Le Mal de l'Algérie ; chez Pariset, éditeur à Paris.

DE LANESSAN .... La Tunisie ; chez Alcan, éditeur à Paris.

NARCISSE FAUCON. La Tunisie avant et depuis l'occupation ; chez Challamel, éditeur à Paris.

TISSOT .... Géographie comparée de la Province d'Afrique ; Imprimerie nationale.

LEROY-BEAULIEU . L'Algérie et la Tunisie ; librairie Guillaumin, à Paris.

La Petite Revue agricole, paraissant deux fois par mois, à Bône.

L'Algérie agricole, paraissant deux fois par mois, à Alger.

Le Sahel, paraissant tous les mois, à Alger.

Le Réveil agricole, paraissant tous les dimanches, à Marseille.

TABLE DES MATIÈRES

Tunis — Imprimerie Rapide, rue de Constantine